本书为中共中央宣传部 2015 年度马克思主义理论研究和建设工程
重大项目暨国家社会科学基金重大项目成果之一
课题批准号：2015MZD037

地震灾后绿色重建手册

地震灾后生命线工程修复加固与重建技术

仇保兴　主编

中国建筑工业出版社

图书在版编目（CIP）数据

地震灾后生命线工程修复加固与重建技术/仇保兴主编．—北京：中国建筑工业出版社，2016.12
（地震灾后绿色重建手册）
ISBN 978-7-112-20077-1

Ⅰ.①地… Ⅱ.①仇… Ⅲ.①地震灾害-灾区-重建-研究 Ⅳ.①D632.5

中国版本图书馆CIP数据核字（2016）第267786号

本书为《地震灾后绿色重建手册》之一。本书主要包括总论、电力设施、给水工程、排水工程、燃气工程、交通系统、通信系统、环卫系统、避灾场所与避灾绿地等内容。

本书主要面向从事地震灾后房屋建筑和市政工程修复、加固与重建中，参与决策、设计、施工、管理的工程技术人员以及村镇干部和居民等。

责任编辑：于 莉 田启铭
责任设计：李志立
责任校对：焦 乐 李欣慰

地震灾后绿色重建手册
地震灾后生命线工程修复加固与重建技术
仇保兴 主编

*

中国建筑工业出版社出版、发行（北京海淀三里河路9号）
各地新华书店、建筑书店经销
唐山龙达图文制作有限公司制版
北京建筑工业印刷厂印刷

*

开本：787×1092毫米 1/16 印张：11¾ 字数：280千字
2017年1月第一版 2017年1月第一次印刷
定价：37.00元
ISBN 978-7-112-20077-1
（29536）

版权所有 翻印必究
如有印装质量问题，可寄本社退换
（邮政编码100037）

《地震灾后生命线工程修复加固与重建技术》编委会

主　　　编：仇保兴
编委会成员：武　涌　熊易华　刘桂生　包琦玮　张　益
　　　　　　徐文龙　李　杰　陈　新

编写组成员：
中国市政工程西南设计研究院：罗万申　徐　容　赵远清
　　　　　　　　　　　　　　周继辉　薛书达　万玉成
　　　　　　　　　　　　　　邬耐之　郭天木　丁顺琼
北京市市政工程设计研究总院：顾启英　倪　伟　刘庆仁
　　　　　　　　　　　　　　张慧敏　张　恺
同济大学：谢　强　刘　威
重庆大学：蒋　阳　柴宏祥　胡致远
中国移动通信集团公司：孔少楠　李　静
城市建设研究院：徐海云　翟力新　杨宏毅　王丽莉
上海市环境工程设计科学研究院：王　雷　冯　蒂　张雪梅
中国城市规划设计研究院：贾建中　刘冬梅　唐进群
哈尔滨工业大学：汤爱平　李　惠

修订组成员：
陈志端　陈　鸿　杨宝路　杨珊珊　曹学敏　尚金玲

《地震灾后绿色重建手册》丛书序

　　城镇是"人工与自然复合的复杂结构",这种复杂结构是人类最富想象力、最雄伟的创造,同时也是人类自我创造的最危险的家园。人类社会发展已经步入"城市时代",全球有超过一半人口已经居住在城镇。人类的居住方式从分散化转向集中的同时,也伴生着环境、安全、能源、社会、水资源等方面的危机。我国贯彻保护耕地、节约资源的原则,选择了以紧凑型城镇为主的城镇化模式,所有城镇每平方公里建成区的人口控制在一万人左右,紧凑型城镇有利于节约宝贵的耕地和节能减排,但也更容易放大各类灾害的效应。我国大陆处于地震烈度6~9度的地震区占国土面积的60%以上,2/3的人口达到百万以上的城市处在地震烈度7度以上的高危险区。这就要求我国的城镇化策略更要注重城镇生态和安全的建设,对地震灾后的城镇推行绿色重建。

　　地震灾后绿色重建就是要总结国内外地震灾后重建的历史经验教训,以创新的精神和科学的思路来进行"创造性"的重建。这意味着要在充分认识灾区生态地理条件、地质地貌现状和原有经济社会发展特征等方面的前提下,从长远发展的角度来谋划城乡重建规划。这不仅仅意味着高效率地恢复城镇功能,更重要的是在原有的基础上赋予城镇新的发展理念和增添新地区价值。地震灾后绿色重建的目标,就是重建的城镇应该成为生态城镇,更加安全、舒适、有活力、更具有可持续性。

　　地震灾后绿色重建不仅需要怜悯、关切、激情,更重要的是需要冷静、科学的态度和理性的思考:要以更加开放的胸怀,更具创新性的理念,更广泛地调动各种各样的积极因素来帮助重建;要更加尊重生态自然环境,尊重普通民众的根本利益,尊重本地的传统文化和社会资本;要更加明确重建的目标、项目、步骤,不仅要为灾后的幸存者建造更安全、舒适的生态城,同时也要着眼于他们的子孙后代的生活更美好;重建后的城镇不仅仅具有生态城市的典范影响,而且具有可复制、可改进、可推广的深远意义。

　　弹性地建设城市系统、让城市能更好地适应各种环境变化,这一理念近年来成为学界研究的热门领域。对于地震灾后重建而言,借鉴弹性理念的绿色重建模式,是更加尊重自然、顺应自然的建设模式,也是适应力和恢复力更强并拥有学习和发展能力的韧性系统。"危机"意味着危难但同时也是机遇,遵循弹性设计与建设原则的修复和重建,可使受灾城市有更好的韧性来抵御后续次生灾害的冲击,并能够改变原先的演进轨道,跳跃性地获得抗灾害能力、系统的自主适应性和发展的可持续性,在修复重建的同时增强其对未来灾害的抵御能力。

　　在2008年汶川地震修复重建期间,我们组织相关专家编纂了《地震后重建家园指导手册》,为当时的灾后重建工作提供了强有力的技术支撑。2009年,经过对内容的修订与扩充,我们又编写了《地震后重建技术丛书》。自2014年始,我们组织了中国城市科学研究会、中国建筑设计研究院、四川大学灾后重建与管理学院、中国城市规划设计研究院等单位相关专家,重新修订了《地震灾后生命线工程修复加固与重建技术》、《地震灾后建筑修复加固与重建技术》、《地震灾后乡镇典型调查分析》等册，增补了《地震灾后重建案例分析》中的内容，增加了《地震灾后过渡安置与管理》、《地震灾后恢复重建模式》等册，并为了突出"绿色重建"理念，将丛书名改为"地震灾后绿色重建手册"，是中共中央宣传部2015年度马克思主义理论研究和建设工程重大项目暨国家社会科学基金重大项目"生态文明背景下的绿色城镇化研究"（课题批准号：2015MZD037）成果之一。近几年间，又有玉树、芦山等部分地区遭受了不同程度的地震灾害。在这些地区救灾和恢复重建的过程中，也积累了一些宝贵的经验教训，这些也成为本丛书修订增补的重要内容。

愿本丛书能成为今后指导地震灾后重建的重要技术参考，谨以此书献给为历次地震灾区救援与重建贡献力量的人们。

国务院参事、中国城市科学研究会理事长、
原国务院汶川、玉树地震灾后重建协调组副组长
仇保兴
2016年12月5日

目　录

第1章　总　论	1
1.1　生命线工程系统构成	1
1.2　生命线工程系统历史震害特征	1
1.3　汶川地震生命线工程系统震害与特点	10
1.4　玉树地震生命线工程系统震害与特点	20
1.5　生命线工程灾后恢复与重建原则	22
第2章　电力设施	24
2.1　技术总则	24
2.2　电力设施建（构）筑物修复与重建技术	24
2.3　输电线路修复与重建技术	29
2.4　变电站设备修复与重建技术	30
2.5　国外借鉴：日、美电力设施震后恢复重建技术	32
第3章　给水工程	34
3.1　技术总则	34
3.2　应急阶段基本技术措施	36
3.3　水源地修复与重建技术	38
3.4　给水处理厂及给水泵站修复与重建技术	40
3.5　给水管网修复与重建技术	47
3.6　水塔修复与重建技术	51
3.7　国外借鉴：日本阪神—淡路地震供水系统震后恢复实例	52
第4章　排水工程	54
4.1　技术总则	54
4.2　应急阶段基本技术措施	56
4.3　排水管渠系统修复与重建技术	57
4.4　污水处理厂（站）及排水泵站修复与重建技术	61
4.5　排放口修复与重建技术	67
4.6　国外借鉴：日本阪神—淡路地震排水系统震后恢复实例	69
第5章　燃气工程	72
5.1　技术总则	72
5.2　震时（强余震）紧急控制技术措施	73

5.3 震后快速修复应急供气 ································· 75
5.4 修复重建基本技术 ··································· 82
5.5 用户端灾后供气 ····································· 90
5.6 国外借鉴：日本阪神—淡路地震供燃气系统震后恢复实例 ········ 91

第6章　交通系统 ··· 93
6.1 技术总则 ·· 93
6.2 交通系统评估与鉴定 ································· 94
6.3 交通系统修复与加固技术 ···························· 104
6.4 交通系统重建技术 ·································· 113
6.5 交通系统施工验收 ·································· 117
6.6 国内外借鉴：交通系统震后修复与重建技术研究与经验 ········ 117

第7章　通信系统 ·· 124
7.1 技术总则 ··· 124
7.2 通信系统建（构）筑物的修复与重建技术 ················ 124
7.3 建（构）筑物及主要通信设备的隔震改造修复技术 ········· 128
7.4 通信系统设备的修复与重建技术 ······················· 130
7.5 震时保障关键机构通信畅通的相关技术 ·················· 131
7.6 国外借鉴：应急通信系统的建立完善实例 ················ 133

第8章　环卫系统 ·· 135
8.1 技术总则 ··· 135
8.2 环卫系统评估与鉴定 ································ 137
8.3 建筑垃圾收运处理系统修复与重建技术 ·················· 145
8.4 生活垃圾收运处理系统修复与重建技术 ·················· 153
8.5 国外借鉴：日本震后固体废弃物分类处置实践经验 ·········· 160

第9章　避灾场所与避灾绿地 ································· 163
9.1 汶川地震避灾场所概况 ······························ 163
9.2 城市避灾场所用地分析 ······························ 164
9.3 避灾场所与避灾绿地建设措施建议 ····················· 166
9.4 国外借鉴：日本避灾绿地建设实践经验 ·················· 168

附录　相关法规标准规范 ···································· 172
参考文献 ·· 176

第1章 总 论

1.1 生命线工程系统构成

城市生命线工程系统是维系现代城市功能与区域经济功能的基础性工程设施系统，包括：电力设施，给水排水及其管网系统，燃气及管网系统，交通系统，通信系统，环卫系统，避灾场所等。这样一些系统在地震作用下的破坏往往会导致城市功能的丧失，严重者会导致整个城市处于瘫痪状态，如：停电、停水、燃气供应停止、交通瘫痪和通信中断等。

生命线工程系统都是由一批工程结构构成的，工程结构是生命线系统的客观载体。例如：在电力系统中，存在电厂主厂房、高压输电塔、各类变电站建筑等，即使是高压输电设备（如各类电容互感器、绝缘子、断路器等），也可以视为是一类工程结构；在城市供水系统中，存在供水泵房、水处理水池、输水管线等各类工程设施；其他如交通系统中的道路与桥梁、通信系统中的枢纽建筑与通信设备，无一不具有工程结构的基本特征。生命线工程系统的另外一个特性是它们大多以一种网络系统的形式存在且在空间上覆盖一个很大的区域范围。如高压输电网络、区域交通网络、城市供水管网等。网络系统的功能不仅与组成系统的各个单元的功能密切相关，而且与各个单元之间的联系方式（主要表现在网络拓扑特征）密切相关。

因此对生命线工程系统的灾后恢复重建不仅仅要从结构、设备上考虑，还要从系统整体上来考虑，以保证生命线工程系统整体的抗震性能。

1.2 生命线工程系统历史震害特征

生命线系统往往穿越不同的地质单元，其系统结构形式又具有网络特征，并且不同的生命线系统单元物理结构形式多样、抗震设计方法差异大，所以与建筑物相比，生命线系统和单元有更大的地震易损性，抗震设计理论和方法更为复杂，这也是生命线地震工程正迅速发展为一门独立学科的动力。历史地震资料表明，生命线系统的震害特征可以概括为系统单元的自身物理破坏和功能的中断两大类，其震害产生的原因除地震动的直接作用外，更多是地震导致的地质灾害事件或其他次生灾害的作用。下面以近20年来部分典型地震中生命线工程系统的破坏为例，说明生命线系统的震害特征和减轻生命线系统震害程度的主要措施。

1.2.1 生命线系统的单元结构震害特征

生命线系统结构类型可以概括为埋地生命线和地上生命线两大类。埋地生命线系统可划分为地下管网结构和隧道结构两种类型，其破坏的主要原因在于岩土体的大位移（PGD）和地震动强度。一般而言，在地层岩性或结构发生变化的地方、软弱的地层、各种地质构造结构面附近，埋地生命线系统破坏最为严重。

埋地管网在地震中的破坏特征受诸多方面的影响，其中地震动强度、场地岩土性质、管道通过地区的地质环境、地理环境、管道自身的特征（材质、接口方式、敷设方式、几何尺寸、腐蚀情况）对其影响最大。不同管道在不同条件下表现出不同的震害特点。震害资料表明埋地管网的破坏类型主要包括以下几种：管身的折断、纵向开裂、环向裂缝、剪裂、穿孔、拱起、弯曲、拔出、蛇曲、扭转变形。接口处的破坏形式有：承接口的开裂、压扁、拉开、剪开。这些破坏形式反映了轴向的受压、受拉，横向的挤压和剪切，竖向的挤压、扭转的力学性质。下面是一些埋地管线在地震中的震害实例。

(1) 1923年9月1日日本关东8.3级地震，东京供水管道在982km的铸铁管中有227处破坏，震害率为0.23处/km。管道接口破坏率81%，横滨市配水管道（100~900mm）破坏10%。东京管道的破坏特点是出现裂缝和折断，小口径管道破坏数量最多（尤以石棉水泥管为主），口径200mm以下的管道占总破坏管道的93.55%。破坏基本集中在丘陵向平原的过渡区，此处岩性由密实土向软土变化。土体出现明显的竖向位移、横向位移，地形和岩性突变是管道破坏的直接原因。钢筋混凝土质的供水管网损坏统计表明了管道埋深与破坏的关系，当埋深小于2.4m时，随埋深增大，破坏逐渐加剧，超过2.4m后破坏明显下降。在没有断裂存在的环境中，随埋深的增大，土对管的约束增大，土管变形一致，两者变形都比浅部小。同时，在分析管线走向与地震波传播方向之间的关系中也发现了如下的规律：地震波传播方向与管道走向一致时，震害比两者相垂直时大近1倍。

(2) 1964年新潟地震（7.5级）中，新潟市68%的输水管破坏，以三通、弯头损坏，接口拔出和松动为主要的破坏形式，也有部分小口径（$\phi=100$mm以下）的石棉管出现折断，破坏主要是管径为ϕ200mm以下铸铁管和石棉管。从破坏的煤气管道材质分析得出了钢制煤气管道抗震性明显高于铸铁管（钢管每千米破坏数量0.88，铸铁管2.39），造成破坏的主要原因是土层中明显的变形、地表裂缝、不均匀沉降和砂土液化。在不同岩性土中表现出不同的管道损坏原因：硬土区，与地震波方向平行埋设的管道损坏严重（三通、弯管、支管部位）。硬土区及硬土—软土的过渡区破坏的原因都是管周围土未均匀变形（位移）所致。冲积软土区（管道破坏最严重，占总破坏数量的54%），破坏形式为因竖向地震力作用而引起的环形截面断裂，不均匀沉降引起的屈曲、砂土液化导致的管地基不均匀沉降而导致的人孔隆起、接口松动和地震波作用下的拉伸作用导致的接口拔出和松动。

(3) 1971圣费尔南多地震（6.7级）中，横向扩展及其造成的地表断裂、液化导致的滑坡、永久地面变形和地震动波动效应是管道破坏的主要原因。管道破坏的三种主要形式，弯管弯扭变形，焊接伸缩接头反复碰撞、压缩褶皱变形，机械式偶联管冲击压缩下变形。横向扩展的方向与管线走向垂直。管道大多埋在冲积砂和砾石层内，埋深0.75~1.5m。

(4) 1975年的海城地震（7.3级）和1976年的唐山地震（7.8级）中，地下管道震害表明了地震烈度、场地类型、地理环境、地质环境和管道自身特征（材质、口径、埋深、接头形式等）是决定震害轻重的主要因素。震中区管道震害大，且有大口径（直径>400mm）管道的破坏；离震中相同距离处，Ⅳ类场地震害比Ⅲ类场地明显加剧，唐山市路南区（覆盖层达100m以上）比路北区（覆盖层5～6m）地下管线震害大得多；地形、地貌对震害的影响主要表现在当地形起伏大，沉积物新的地区震害加大。地形不仅影响着地震波的传播，也影响着其他次生地质灾害的分布。沉积物新的河谷地貌、岩性不均质的平原、三角洲地貌的地区地下管线震害明显加重。管线的走向与断裂平行（非发震构造）时管道震害轻。柔性接口的管道破坏形式主要是拉开和松动。刚性接头管道在接口处出现承口掰裂、接头剪裂、管道拉断、松裂、折断、纵向裂开、环向裂开、剪切裂开。延性、强度均高的管材震害轻。小口径管道比大口径管道震害明显重。

（5）1976年和1984年发生的加兹拉地震（7.3级和7.2级），地下管道震害表现出如下的震害特点：管网走向（SN）与地震波传播方向相垂直时震害轻；竖向地震作用占优势，且多发生大口径管道支墩裂缝而使管道位移和转动；小口径（100～300mm）钢管折断，铸铁管和石棉水泥管体裂缝（接口附近），铸铁管接口附近起鼓；竖向地震作用下，柔性管震害轻。

（6）1994年北岭地震（6.7级）中，洛杉矶市的供水管网破坏严重（破坏最严重的地区位于圣费尔南多峡谷中）。三条主干输水管道遭受了破坏，原因是地震波和永久地面变形的作用。震中附近许多直径为1020mm和1370mm铆接和焊接的钢管遭到破坏。铺设在冲积土层中的钢管干线，在接口处均表现出压缩屈服和张拉的破坏性质，管身有环形裂缝，另外在管道与其他配套设施的接口处也出现拉开、拉裂的破坏，钢管、混凝土水管管身发生破裂和渗漏。这次地震中供水管网的配水网络破坏主要是铸铁管的破坏，其次为钢管，两者分别占总破坏的72%和21%，而主干管网则以钢管破坏为主（66%），混凝土管（15%）和铆合钢管（14%）次之。主干管道的破坏主要集中在管径大于890mm的管道，配水管破坏主要发生在管径100～200mm的管道（88%）。

（7）日本阪神地震（7.2级）中，埋地供水管线的破坏与活动断层相关，岩土性质和地貌特征也是致灾因素之一。在离断层1km范围内，供水管震害严重，其中尤以断层0.4～0.8km处为重。供气管线的破坏主要发生在延性较小的螺纹接口处（33%的螺纹接口破坏），而延性接头和滑动接头基本无损坏（见图1-1～图1-3）。

图1-1 神户地震中由于土体大变形导致的管道破坏（粗实线为管道位置）

图 1-2　地震中管道系统被拉开和发生屈曲

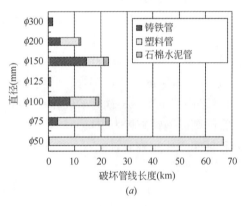
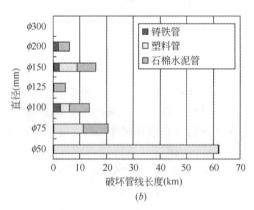

图 1-3　日本两次地震中不同材质、口径的管线破坏程度（震级分别为 7.1、8.3）
（a）浦川地震（1982）；（b）十胜地震（2003）

从上述震害事例可以看出，埋地管道系统的破坏具有如下规律：1）在地质单元、地理单元交界处震害严重；2）离震中愈近，破坏愈严重，离发震断层愈近，破坏愈严重；3）永久地面大变形（液化层、断层带、滑坡带等）区管道破坏严重；4）不同材质、口径的管道破坏程度不一样。

地下结构的另一类结构——隧道结构的破坏也是近些年来关注的重点，埋地的隧道结构主要有共同沟系统和铁路、地铁系统。过去一直认为这类结构具有良好的抗震能力，但近些年来的地震事件表明，隧道结构的破坏也是常见的。1971 年的日本宫城地震中，仙台市一共同沟接口被拉断、沟身出现纵横向裂缝，造成大量的泥砂和地下水涌入，使共同沟内的供水、排水和供气管道破坏。仙台市的共同沟内电线、电缆和管道系统因固定支架或支座折断而发生了横向或纵向的位移而破坏。1978 年伊豆尾岛地震中因断层作用使稻取铁路隧道严重破坏。

1993年的能登半岛地震更是造成一隧道拱顶冒水、坍塌、涌水等破坏。1995年的神户地震中，一共同沟内的供水系统破坏导致水流入到同一沟内的供气系统中，导致供气系统的功能下降。在美国，1964年的阿拉斯加地震中，一共同沟在液化导致的地面大位移作用下被拉断。1971年的圣费尔南多地震中，一共同沟由于土体的横向大位移而错断。1989年的Loma Prieta和1994年的Northridge地震中，也有共同沟破坏的现象。共同沟的地震破坏现象表现为沟身开裂和接口断开、衬砌破坏以及沟内收容的生命线系统在地震作用或沟身破坏下引发次生灾害而破坏（管道断裂、支架折断、固定装置的破坏和电缆、电线拉断）、人孔沉降和压扁等现象。1995年的神户地震中，神户市地铁破坏严重，神户高速铁路的东西线和神户市营山手线上的18座地铁车站中有5座车站遭到明显破坏，破坏的形式是中柱破坏（钢筋被压弯外露，许多箍筋也完全破坏，破坏位置为柱脚和柱-顶板连接处）、侧墙出现了水平裂缝和斜裂缝、衬砌开裂与塌落等。1999年的台湾地震中也发生了隧道的破坏。

地上生命线系统的破坏则主要表现在地面交通系统、地面管道系统、供电系统等的破坏。地面交通系统中，桥涵的破坏、道路和铁路轨道系统的破坏最为常见（见图1-4）。1994年1月17日美国Northridge的6.8级地震中，出现桥梁的严重破坏，7座桥梁（包括1座立交枢纽）坍塌、部分倒毁，导致交通系统部分处于瘫痪状态。与Loma Priera地震类似，电力系统230kV和500kV的高压变电站同样破坏严重，一批高压输电塔因砂土液化而倾倒或损坏，110万用户失去供电。1995年日本阪神7.2级大地震中，交通系统遭到大面积破坏。地震区6条铁路线均遭到严重破坏，许多高架桥倒塌或部分倒塌。阪神高速公路神户线共有1192个桥墩，其中611个在地震中遭到破坏，破坏率达52%，在这些破坏的桥墩中，约150个已不可修复。神户地铁大开车站，震时车站的立柱遭剪切破坏使隧道洞顶塌落，震后地震面出现120m长的陷落，最大沉陷处深达3m。同时，神户港受到毁灭性打击，堤岸有80%遭到破坏，部分地段堤岸产生的裂缝达3m之深。地震后，100万用户断电，修复工作持续6d，电力系统破坏主要集中在275kV变电站和77kV变电站（共48处），直接经济损失达550亿日元，配电线路损坏446个回路，损失额达960亿日元，火力发电厂亦有10处破坏，损失额达350亿日元。地震区的神户市、西宫市等9市共有136万户全供水家庭，地震后，由于主干供水管网发生1610处破坏，迫使110万用户断水（断水率达80%）。一周后，供水系统仅修复1/3，全部修复工作持续了两个半月。由于缺水，严重阻碍了救火。供气系统同样在地震中遭受严重破坏。据震后统计，主干供气线路破坏了5190处，其中，中压线路破坏109处。85.78万户用户被中断供气，修复工作持续了3个月。地震使神户地区3170条专用通信线路遭到破坏，以神户市为中心的兵库县南部地区19.7%的通信线路因交换机发生异常和通信线路破坏而中断，一批通信设施遭到破坏，其中一些通信大楼因处于危险状态而被迫停止业务。1999年台湾集集

图1-4 地震导致的地面交通系统破坏

7.3级大地震造成台中地区交通中断，名竹大桥等一批桥梁坍塌，台中火车站、集集火车站等严重破坏，铁路路轨弯曲、电车线断落。由于电力系统的破坏，造成台湾中北部地区大面积停电，累计停电户517万户，直接经济损失达59.4亿元台币。水利设施经济损失达47.2亿元台币、供水管线损失达9.5亿元台币。

1.2.2 生命线系统功能上的震害特征

生命线系统具有网络结构，所以其中任意单元（节点）的破坏都可以造成整个生命线系统的功能异常，关键节点的破坏甚至可以使整个系统功能中断，即使其物理结构完好。每个生命线子系统是各具有与其自身功能特征相适用的复杂网络结构体系，并且不同生命线子系统间常常相互关联，一种网络系统功能的发挥常常依赖其他系统的正常运转，一种网络系统的破坏易引起其他系统的相互作用破坏，这种功能上的依赖性将生命线系统构成为一个相互作用的大体系。所以一个生命线系统结构破坏除造成自身功能的中断外，还可能导致与之相关的其他生命线系统功能破坏，即不同生命线系统间功能相互作用、相互影响，这种现象，我们称之为生命线系统的相互作用。

生命线系统相互作用形式主要表现在三个方面。第一，功能上的相互依赖性，即每个子系统在功能正常发挥的情况下，能量的供给和功能的输出与其他子系统功能的正常密不可分。比如，通信系统功能的畅通依赖电力系统和供水系统等的功能正常，同时通信系统的破坏将导致震后应急供电、供水的调度。第二，破坏后功能恢复、修复进程的相互影响。道路系统的破坏将制约包括生命线各子系统在内的整个救灾工作的开展，通信和电力的破坏将进一步加剧交通秩序的混乱，附挂于桥梁的其他生命线管线因桥梁的垮塌而破坏，供水系统功能的恢复依赖于供电系统的恢复，供电系统功能的恢复依赖于通信系统、供水系统功能的完备。在地震中，为避免次生火灾和爆炸的发生，常常出现因供气系统、输油系统的破坏而不得不停止供电的情况。在供水管线与供电系统并排铺设的情形中，为避免触电，供水修复时供电停止。第三，破坏的辐射。在生命线系统的建设过程中，出于经济、方便、快捷等方面的考虑，一些生命线的管道系统部分是沿道路系统而建的，因此，在道路破坏的同时可能将附近的管道系统破坏。反过来，一些管道系统的破坏可能导致道路系统的破坏，电力系统的破坏导致输气、输油系统的破坏等，这些破坏形式在地震中是非常常见的。

下面地震中生命线系统的震害表现正体现了生命线系统相互作用的本质。

日本是世界上地震发生最为频繁的国家，多次地震调查中揭示出的生命线系统震害特征具有较好的代表性。宫城近海地震（1978）促进了"生命线地震工程学"在日本的迅速发展。宫城近海地震中，在石卷市，由于地震破坏电力系统导致全市停电。因没有自备的应急电源，水泵不能使用，以致不能供水的局面持续了20h，约3.2万户受害。在仙台市，排水设施遭受轻微破坏（不致引起日常生活的不便），但是由于地震后的停电（虽有自备电源）造成正常运转的设备少，使得8处水泵厂不得不把未经处理的水排入河流与沼泽。同时，由于4处断水，使得自备发电装置因冷却水和润滑水不足而不得不停机，水处理工作终止。伴有砂土的地下水从排水管道的开口处进入（合流式处理方法），引起了地表的下沉或隆起，阻碍交通。因停电而导致以仙台市为中心的13.6万个用户供气停止4~17d。通信系统中，仙台市的总共7条同轴电缆线有4条被破坏，通信中断达20h，破坏的原因之一是架设在桥梁上的通信电缆因桥梁的破坏而受损。同时，因电话局停电，不得不启用自备的电源，通信能力受到一定的影响。

1995年的神户地震中生命线系统相互影响表现极其突出，在该次地震中供电中断了6d，导致由电力支持的通信系统网络中断而引起救灾应急指挥系统的瘫痪，通信线路严重阻塞，通信应急电源因缺水而不能工作。交通信号停止运行而引起交通控制困难，加剧了交通的堵塞。由于通信系统的破坏，交通信息不能实时传递，导致了交通状况的进一步恶化。电力系统的破坏与供气系统破坏的共同作用而导致发生多处火灾，烧毁了100万m^2建筑。供气管道的破坏耽搁了供电的恢复。供水系统、排水系统因供电中断而失去功能，同时引起应急关闭阀停止工作。因Higashinada污水处理厂的破坏导致污水直接排到Osaka湾。供水系统破坏导致水流入到埋地的供气系统中，严重影响供气系统的恢复。交通系统的破坏严重制约着供气系统功能的恢复。

圣费尔南多地震、洛马普勒塔地震（1989，见表1-1）和北岭地震中这种情况也较普遍。圣费尔南多地震（1971）中，Newhall—中央通信大楼因一条主供水管道破裂而被淹，导致通信中断，污水管道的破裂导致了一些地区生活供水延误。连接5号和210号国道的立交桥破坏最为严重，上部高15～20m的曲线高架桥7个桥孔连桥墩全部倒塌，导致下部桥梁的破坏，同时中央横梁倒塌在铁路上，使铁路运营停止。在西尔马—圣费尔南多（Sylmar-San Fernando）地区由于总水管的破裂而被淹，阻碍了供气系统的泄漏检查与抢修。北岭地震（1994）中，在Pacomia的Wolfskill大街，因一油管破裂引发的火灾与爆炸毁掉了2座房屋和17辆汽车，铺设于同一沟壑中的9条管线和其上部的多条生命线全部毁掉（见图1-5）。供水管道的破裂造成桥台填方的冲刷而使基础破坏。

图1-5 北岭地震中生命线系统的相互作用

洛马普勒塔地震中生命线系统的相互作用　　　　　　　　　　表 1-1

种类	电力系统	供气系统	供水系统	污水处理	公路系统	城市地铁	通信系统
电力系统		电力系统短路而发生气体爆炸,恢复工作与电力系统配合进行	抽水泵站因停电而中断工作18h,修复工作也因停电而无法进行。停电导致大面积停水	泵站因停电而中断工作,排水能力下降	因信号灯无法工作而导致交通堵塞	因电能紧缺而不得不减少停站数	电力破坏使许多地区中断通信3h以上,一些地方通信能力下降
供气系统	泄漏检查、防火耽搁电力系统恢复		没有有效的处理办法,恢复工作与输气系统相配套		因火灾导致道路的封闭	地铁因煤气泄漏而关闭、地铁火灾	影响通信的恢复进程
供水系统	供电系统冷却系统破坏	恢复工作与供水系统相配套		根据水管破坏的情况来探测水道破坏	管道渗漏导致路基、路面破坏	缺水导致火灾蔓延,加剧了地铁的破坏	太平洋钟声公司在洛杉矶的一电话总局一柴油机供水冷却系统破坏而使3/5的交换机停止工作
污水处理			由于污水泄漏污染水源导致供水中断				
公路系统	中断交通,导致发电机燃料无法及时送到		由于桥梁破坏而导致交通工具不能运送抢修所需物资	根据道路破坏的情况来探测水道破坏		由于公路破坏或交通管制导致乘客量剧增	
通信系统	通信系统的拥挤,导致震害信息传递困难	抢修工作的调度困难	通信不畅使调水困难导致一些地方供水系统超负荷运转	检查、检修困难	交通调度、抢修的困难	调度、抢修的困难	

大多数通信系统设备因断电而不得不启用备用电源,使一些地区通信不畅,一些设施因缺水而引起冷却功能破坏而导致通信能力的下降。墨西哥地震(1985)中供电系统的破坏导致地铁的停运(地铁本身物理结构基本无破坏)。土耳其伊兹米特地震(1999)中,由于地震后连续2d的通信中断,致使应急处理中心不能进行有效的灾害评估和实施救灾协调。总统德米雷尔由于道路的中断(因通信的中断而使交通中断信息无法传递)而不得不在经过6h的公路行程后而原路返回。由于交通系统的破坏导致供电系统、通信系统、供水系统等的修复进程缓慢。

在国内,生命线系统在地震中的相互作用也是屡见不鲜。海城地震(1975)中,在营口市郊后塘附近,由于埋设于铁路路基下一直径为600mm的铸铁管接口拉开220mm而冲垮了铁路路基,海城镇(Ⅸ度)因供电停止9h而导致供水中断。盘山镇南的盘山桥(Ⅶ度,连接盘山和营口的公路桥)因桥双柱台墩(7号墩)折断而使架于墩帽上直径为22cm的输气管道被落梁砸断。唐山地震(1976)中在近码头和港口的输油系统破坏导致石油的泄漏和火灾,致使水上交通系统瘫痪。唐山机场通信系统的损坏而使空中交通严重受阻。滦河桥为公路、秦京输油管（钢管）两用桥，地震中桥第 1~23 孔的输油管道被落下的人行道板和倒塌的桥墩砸断掉入河中，输油管线破坏。在卑家庄至雷庄间的 82 号桥（Ⅹ度区），由于桥梁移位导致桥梁上通信支座移位，使附近 514~573 号通信电杆移动 0.5m，造成线路中断和混线。在唐山市东隅陡河上的胜利桥（连接胜利路至天津—秦皇岛公路）处，由于桥位滑移，造成附近电杆滑移，铺设于桥位附近的河底钢管水道向上隆起 2m 多。京津唐电力系统中心调度所与系统东部的各电厂、电站通信联络中断，造成电力中断。电力线载波站也因失去电源而中断通信，同时，断电造成断水，由于供电的中断，唐山未被破坏的供水系统也不能正常供水，在震后的第 4 天才恢复局部的供电、供水。台湾集集地震（1999）中，台中市欣中天然气公司管辖的天然气管道由于道路下陷造成多处管线断裂漏气。欣林天然气公司管辖的草屯、中兴新村、雾峰、太平、埔里、南投市等地也因路面隆起或下陷等原因造成中油供气干管断裂、输气主干管断裂。欣彰天然气公司的丰原、东势、石冈、新社、彰化等服务地区，由于道路扭曲变形和多处房屋倒塌，造成天然气管线断裂漏气，总计管线受损约 181.8km，必须更换的比率为 70%。竹名天然气公司由于所在地竹山镇电讯及电力中断，乃迁移至名间乡赤水仓库的临时救灾中心。地震造成名竹大桥断裂，造成附挂在该桥的 6 英寸输气钢管断裂（此管线为供应竹山、鹿谷、集集的主干管道，断裂后造成该三乡镇断气）。通信系统中断的原因，除基地台或中继站结构物抗震能力不足之外，尚有断电的因素。供水管道附挂于桥梁的管线因桥台移动而造成伸缩接头扭曲。由于通信系统的破坏耽搁了供水系统的修复工作。在 Yuanling 市由于沿 Changtzu 路和 Shingping 路一条直径为 150mm 的 PVC 水管的破裂导致道路路面沉陷，交通受阻。耿马地震（1988）中，由于交通系统的破坏，通信系统和供水系统的维修、恢复受到严重阻碍。中国近代地震中生命线系统的相互作用见表 1-2。

中国近代地震中生命线系统的相互作用 表 1-2

地震\生命线类型	供水系统	电力系统	通信系统	交通系统	供气系统	输油系统	输气系统	排水系统	医疗系统	治安系统
海城地震震级 $M_l=7.3$ 最大烈度 NMI＝Ⅸ	停电使供水停止	通信系统破坏导致供电分配困难	停电导致通信中断	供水管道的破坏导致路基冲毁			输气管道因桥梁落梁被砸断		交通不便导致医疗小分队行进困难	
唐山地震震级 $M_l=7.8$ 最大烈度 NMI＝Ⅺ	电中断导致未被破坏供水系统不能供水；桥位滑移，造成桥位附近的河底钢管水道破坏	通信联络中断，造成电力中断；桥位滑移，造成附近电杆滑移	电力中断造成通信困难；桥梁移位导致桥上通信支座移位；电力线载波站也因失去电源而中断通信	供水管道的破坏导致路基冲毁；有关破坏影响水上交通，机场通信系统损坏而使空中交通严重受阻	电力系统与供气系统接触导致火灾发生，进一步加剧了两者的震害	桥墩砸断输油管线		供水系统与排水系统混合导致水质污染	停水导致医疗系统瘫痪	因多种生命线系统破坏，导致出现多种犯罪事件

续表

生命线类型 地震	供水系统	电力系统	通信系统	交通系统	供气系统	输油系统	输气系统	排水系统	医疗系统	治安系统
耿马地震震级 $M_l=7.6,7.2$ 最大烈度 NMI=IX	交通系统破坏导致供水系统的维修、恢复受到严重阻碍	重灾区电力全部中断,供水管道断裂导致发电站无水供应	交通系统被破坏导致通信系统维修、恢复受阻					滑坡导致堰塞湖的形成,排水不畅,水淹公路	交通系统破坏导致医疗抢险受阻	通信不畅导致盗窃、抢劫事件的发生
包头西地震震级 $M_s=6.4$ 最大烈度 NMI=IX	供电破坏导致供水能力下降,土体滑坡损坏其他生命线	变压器套移位导致供电中断	局部通信因导电功能中断	水库土体滑坡破坏下游交通系统	因震后水包司4号炉煤气系统功能破坏			储气罐地基因水浸而开裂管道接口破坏	停电导致局部地区排水泵管道停止工作		谣言四起
集集地震(台湾)震级 $M_s=7.3,7.7$ 最大烈度 NMI=XI	通信系统破坏导致供水修复的缓慢,交通桥梁破坏导致附挂管道破坏	通信系统破坏导致供电修复的缓慢	停电导致通信中断	PVC水管破裂导致路面沉陷	道路沉陷导致供气管道损坏,通信中断导致公司指挥中心搬家	乌溪南4英寸与8英寸管道积压断裂	道路沉陷导致输气管道损坏,同时桥梁倒塌使附挂其上的管道断裂	道路破坏而造成下水道、接头损坏	交通阻塞、延缓了伤员的转移	出现多起治安事件,谣言四起

1.2.3 生命线系统破坏导致次生灾害的特征

火灾、地质灾害（滑坡、泥石流、崩塌、地面沉降等）等是地震引发的最严重次生灾害。1906 年的旧金山地震，95%的财产损失和大量的人员伤亡与火灾密切相关。1985 年 9 月 19 日的 7.8 级墨西哥地震造成煤气管网中压管线破坏达 400 余处，由此引起煤气爆炸，在墨西哥市区引起多处火灾。同时，由于供水管网的破坏，使救火受到严重影响。1989 年 Loma Prieta 地震中，电力系统显著破坏，230kV 和 500kV 的高压变电站破坏严重，由此造成 140 万用户断电，在旧金山市，因断电甚至导致大规模抢劫事件的发生。破坏的供气系统引发大面积火灾。1994 年 Northridge 的 6.8 级地震中洛杉矶市供气系统出现高达 15 万处的漏气，供气系统的破坏也引起多起次生火灾。

地震诱发的地质灾害几乎在每次地震中都有发现，如 1995 年神户地震中，一水厂水塔和供水管道破裂导致了滑坡的产生。

1.3 汶川地震生命线工程系统震害与特点

2008 年 5 月 12 日发生于我国四川省汶川地区的 8.0 级大地震造成四川、重庆、陕西和甘肃等省生命线工程的严重破坏。据不完全统计,地震影响地区电力系统 110kV 及以上变电站停运数十座,电力负荷损失超过 600 万 kW,110kV 及以上输电线路停运 180 余条。供水系统一共有 250 个水厂受损,11 万处管线破坏,管线受损长度高达 8000km。排水管网管道受损长度约 3300km,桥梁受损 1400 余座,道路破坏约 3400 余 km,生活垃圾收集处理设施破坏 1700 余座。

1.3.1 电力系统震害与特点

1. 变电站建构筑物受损情况

在汶川大地震及其后来的余震过程中,四川、甘肃、陕西电网多个变电站内的建筑物受到不同程度的破坏,位于震中附近的变电站建筑物多数发生严重破坏甚至倒塌,主要分布在成都、德阳、绵阳、阿坝等地。受破坏的建筑主要包括主控楼、办公楼、开关室、高压室等,变电站围墙倒塌非常严重。图 1-6 所示为一座变电站主控楼的倒塌情况。图 1-7 所示为一座严重破坏的变电站主控楼。

图 1-6 一座倒塌的变电站主控楼

图 1-7 一座严重破坏的变电站主控楼

2. 变电站电气设备震害

(1) 变压器的震害

在此次地震中,多个变电站的变压器发生了故障。主要的故障类型是变压器移位、套管渗油、保护装置动作及脱轨。图 1-8 所示为一座变压器移位。

(2) 开关类设备震害

开关类设备由于多数带有绝缘瓷瓶,属典型的脆性材料,阻尼小,刚度大,易与地震发生共振作用,因此在地震作用下破坏较多。图 1-9 所示为一个断路器的破坏。

(3) 互感器震害

电压互感器和电流互感器在地震中破坏较多,主要是漏油或折断。图 1-10 所示为地震后漏油破坏的电流互感器。

(4) 母线及支柱震害

位于高烈度区的变电站,有些发生了管母线支柱绝缘子的破坏。

(5) 避雷器震害

避雷器在地震中破坏较多,典型震害如图 1-11 所示。

图1-8 变压器移位

图1-9 断路器的破坏

图1-10 地震破坏的电流互感器

图1-11 地震破坏的避雷器

3. 输电线路震害

受地震灾害影响，110kV及以上输电线路停运180余条。

输电线路震害的主要特点是由于地震的次生灾害，如滑坡、泥石流、地面变形、滚石等所产生的输电线路杆塔的倒塌或部分破坏；绝缘子受损情况不是很严重，发现有几处倾斜偏移情况；个别地方发现有导线和地线断股情况。图1-12所示为一个典型的由滑坡所引起的输电塔倒塌。图1-13为由滚石将钢筋混凝土输电杆砸坏的现场照片。

1.3.2 给水排水系统震害与特点

5·12汶川地震释放的能量巨大，地震时给水排水设施震感强烈，通过一些厂站的监控录像看到，地震时水池中的水波高约0.5m，部分水池发生溢水现象。根据目前调查的情况，地震对城镇给水系统中的水源地、给水厂、加压泵站和排水系统中的污水处理厂、提升泵站、排放口等工程都有不同程度的损坏，尤其以给水管网和排水管网损坏最为严重。

图 1-12 由滑坡所引起的输电塔倒塌　　图 1-13 由滚石所致的输电杆破坏

1. 水源地

地震引发的山体大面积滑坡，造成原水浊度大幅度上升，使得部分水厂不得不临时关闭。如青川水厂，原水浊度几天后才恢复正常。

地震造成的地层扰动，使深井及大口井已经形成的反滤层遭受破坏，灾区多数地下水变浑浊，使得地下水的浊度超标。同时，地震造成水源地管井内套管（滤管）断裂或错位，导致什邡市 30m 深的管井震后潜水泵无法下到底，取水出现一定困难。

另外，都江堰灌区的人民渠受损，直接导致德阳市孝感水厂停产，只能靠以地下水为水源的水厂供水。

2. 厂站

给水排水厂站的震损主要是系统内的建筑物和构筑物的上部建筑破坏，破坏的形式和特点与一般工业与民用建筑类似，如：框架结构填充墙开裂和倒塌、框架结构梁柱裂缝、砖混结构墙体开裂等，但破损的程度相对较轻。厂站内一般均为钢筋混凝土框架结构，整体性好，地震后基本完好。但非受力填充墙裂缝较多，个别水厂加药间两层填充墙有垮塌发生，如图 1-14 所示。

有的工程采用砖导流墙（间隔 4m 设有钢筋混凝土构造柱），在地震中砖导流墙基本全部倒塌，见图 1-15。

部分地面式水池加设保温墙，震后保温墙与钢筋混凝土壁板产生分离，见图 1-16。

3. 管网

给水排水管网地震损坏严重，震后给水管网供水压力明显下降。如绵竹市正常出厂水压力为 0.38MPa，震后的出厂水压力只有 0.1MPa，经过抢修后逐步达到 0.13～0.19MPa。都江堰市因城区管网和市内建筑损坏严重，供水压力基本上为零，只能靠街道上的消火栓供水。地震中刚性管材的管道受损严重，柔性较好的新型管材损坏相对较小。管道受损与其埋深也有关系，浅埋的管道受损较重。不同管材震后受损程度也不同，按损害程度由重到轻排序为：水泥管（特别是自应力水泥管），灰口铸铁管，硬聚氯乙烯管（PVC-U 管），聚乙烯管（PE 管），球墨铸铁管。都江堰市管径为 100mm 以上的给水管总长 140km，地震中破坏了 67km。绵阳市的给水主干管在近两年大部分改造更换为球墨铸铁管，震后基本完好，但小区内的支管破坏严重，部分小区震后不能供水。绵竹市小区内的给水管道有上千处受损，特别是老的镀锌钢管损坏严重，由此可见地震的损害程度和有计划地改造给水排水管道的重要性。图 1-17 是一段破坏了的灰口铸铁管。

图 1-14　某水厂加药间填充墙垮塌

图 1-15　某污水处理厂氧化沟砖导流墙倒塌，正在进行修复

图 1-16　某污水处理厂氧化沟保温墙
　　　　与钢筋混凝土壁板分离

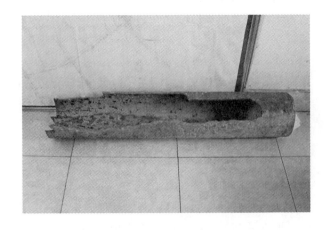

图 1-17　灰口铸铁管遭受地震破坏

地震对砖砌水塔的破坏尤为严重，许多乡镇供水系统中的水塔发生垮塌或者成为危险建筑。

1.3.3　燃气系统震害与特点

5·12汶川地震释放的能量巨大，地震时供（燃）气系统设施出现一定程度的破坏，主要包括球罐、消防水池等设施的破坏。

1. 球罐

图 1-18 是江油市天然气贮配站 2000m³ 球罐，其东西向两根支柱向东偏移明显，最大偏移量约 0.1m。其余方向也有不同程度的位移。球罐支柱的部分拉杆完全拉断，同时部分拉杆连接螺栓被剪断，如图 1-19 和图 1-20 所示。另外，都江堰市第三 CNG 站贮气罐受到较大损坏，贮气罐的地脚螺栓偏移明显，最大偏移量约 0.02m，贮气罐本体放散管被拉断。对于球罐的检测修复，建议建设单位、压力容器监检部门对球罐的支柱位移、拉

杆变形、球罐罐径、基础水平位置和竖向标高进行严格测定，并进行基础沉降观察、焊缝检查，重新进行强度和气密性检查，然后采取相应的修复措施。

2. 消防水池

图 1-21 为江油市消防水池，其在地震后出现了裂缝。建议先采取防渗修复后观察是否可满足蓄水要求，根据可能出现的问题再做进一步处置。

图 1-18　支柱偏移　　　　图 1-19　球罐支柱的部分拉杆完全拉断

图 1-20　拉杆连接螺栓被剪断　　图 1-21　消防水池出现裂缝

1.3.4　交通系统震害与特点

5·12汶川地震释放的能量巨大，地震时交通系统破坏严重，桥梁倒塌，桥墩开裂破坏。道路出现裂缝，山体滑坡导致道路破损或被掩埋。灾后不少地区交通中断，特别是一些重灾区的道路中断使得灾后救援出现严重困难，进一步加剧了地震灾后的经济损失和人员伤亡。

1. 道路工程

地震后，由于山体滑坡导致部分重灾区，如北川、青川等地与外界连通的道路堵塞，交通中断，导致救援人员和救援物资无法快速抵达，在一段时间内需要通过人员冒险徒步搬运物资，严重延缓了救援速度，造成这些地区经济损失和人员伤亡情况非常严重。

图 1-22　路面破裂隆起

这次地震道路的破坏情况包括：路基、路面发生纵向或横向裂缝、沉降（陷）、隆起、路面破碎等。同时，山体滑坡掩埋路面，阻断交通。边坡出现滑坡、坍塌、崩塌等失稳型损害，导致道路坍塌。图 1-22～图 1-24 是这次地震后部分道路破坏情况图。

图 1-23　路面横向裂缝

图 1-24　山体滑坡堵塞道路，交通中断

2. 桥梁工程

四川省处于山区，河流众多，存在不少桥梁。这次地震桥梁的破坏情况包括：桥梁墩、台开裂，钢筋屈曲，桥梁板纵、横向移位，桥梁板掉落，桥墩连梁开裂破坏等。这次地震后部分桥梁破坏情况图可以参见第 6 章相关章节。

1.3.5　通信系统震害与特点

地震中，四川省通信基站共倒塌建筑物 896 座（幢），发生通信故障的基站共 3429 座，主设备倾倒和破坏的基站有 780 个，配套设备倾倒和破坏的基站有 947 个，发生其他震害的基站有 1702 个。通信塔遭受破坏的共 811 基，其中倒塌的有 30 基，部分损坏的有 781 基，大部分为滑坡、地面变形等引起的破坏。馈线架发生震害的基站共计 246 基。

甘肃省通信基站共倒塌建筑物 62 座（幢），发生通信故障的基站共 584 座；主设备倾倒的有 129 座、受破坏的基站为 279 个；配套设备倾倒的有 147 个，受破坏的基站为 319 个，发生其他震害的基站共 118 个。通信塔遭受破坏的共 73 基，其中倒塌的有 19 基，部分损坏的有 41 基，连接部破坏的有 13 基。馈线架发生震害的基站共计 646 基。

陕西省通信基站建（构）筑物受损共 341 处，发生通信故障的基站共 719 座；主设备倾倒的基站有 3 座；配套设备倾倒的基站有 32 个，受破坏的 19 个，发生其他震害的基站共 539 座。通信塔遭受破坏的共 167 基，其中部分损坏的有 103 基，连接部破坏的有 15 基，其他的塔基受损的有 49 基。馈线架发生震害的基站共计 15 基。

图 1-25～图 1-47 为本次地震中受破坏的通信系统的照片。

图 1-25　部分倒塌的基站建筑物　　　　图 1-26　部分损坏的基站建筑物

图 1-27　墙壁开裂的基站建筑物　　　　图 1-28　全部倒塌基站建筑物

图 1-29　毁坏的通信塔　　　　　　　　图 1-30　损坏较轻的通信塔

图 1-31　地基开裂的通信塔　　　　　　图 1-32　固定支脚周围开裂的通信塔

图 1-33　连接破坏的通信塔　　　　图 1-34　因滑坡、地面变形等
　　　　　　　　　　　　　　　　　　　　　原因引起破坏的通信塔

图 1-35　基座开裂的通信塔　　　　图 1-36　被破坏的基站设备及配电屏、
　　　　　　　　　　　　　　　　　　　　　蓄电池、监控箱等配套设备

图 1-37　部分损坏的基站设备及配电屏、　　图 1-38　损坏的光纤配线箱等配套设备
　　　　　蓄电池、监控箱等配套设备

图 1-39 倾覆的基站设备及配电屏、蓄电池、监控箱等配套设备

图 1-40 损坏的基站建筑物、设备及配电屏、蓄电池、监控箱等配套设备

图 1-41 完全倾覆的基站设备及配电屏、蓄电池、监控箱等配套设备

图 1-42 毁坏的基站配电屏、蓄电池、监控箱等配套设备

图 1-43 完全倾覆的基站构建物、设备及配电屏、蓄电池、监控箱等配套设备

图 1-44 完全损坏的馈线架

图 1-45　因滑坡、地面变形等原因引起毁坏的线缆杆　　图 1-46　部分毁坏的馈线架

图 1-47　倾覆的馈线架

1.4　玉树地震生命线工程系统震害与特点

2010 年 4 月 14 日，青海省玉树藏族自治州玉树县发生的 7.1 级强烈地震，造成 2600 余人遇难，大量房屋倒塌，生命线系统严重受损，是青海省近 20 年以来破坏最为严重的一次地震，也是继汶川 8.0 级地震后国内发生的破坏最为严重的地震。

玉树地震受灾面积达 26500km²，受灾人口 20 万余人，市政基础设施、交通、水利、通信等生命线工程遭到严重破坏。供水、供电和通信一度中断，部分道路交通堵塞，市政公共设施破坏失效，电站水库坝体开裂变形等。由于地震灾区经济落后，生命线系统单薄而脆弱，生命线震害的连带影响很大，严重影响了抗震救灾效率和灾后重建工程。

1.4.1　电力系统震害与特点

截至 2009 年玉树州通电乡镇有 15 个，通电率为 33%；通电行政村有 37 个，通电率为 12.25%。玉树州内有 13 座小水电站正常运营，除 4 座新建电站外其余大部分电站运行年限较长，设备陈旧老化，水工建筑均年久失修。各电站大多独立运行自成一片，网架尚未形成，供电线路以 10kV 为主，多为单回路，除玉树县与称多、治多与曲麻莱 3 县联网外，其余各县电网均为独立电网，相互无联系。地震造成灾区多座电站严重损坏，其中西杭、当代、科马、禅古寺等电站引水渠、挡水坝、护坡、发电机房及发电设备受损严重，无法正常运行，失去发电能力，部分甚至报废。

玉树州电网电压等级分别为35kV，10kV，0.4kV。地震造成数百千米的高低压输电线路损毁，其中3条35kV线路中2条严重受损，9条10kV线路全部损坏，0.4kV低压配电线路全部毁坏，进户输变设备破坏，造成供电中断。加之灾区电网联网水平低，致使极重灾区结古镇震后停电近1周。长时间的供电中断直接影响到了灾民的营救效率和妥善安置，对整个抗震救灾造成了很大困难。

1.4.2 给水系统震害与特点

除供电网络单一外，玉树地震重灾区供水途径也不多，加之人口密集的重灾区地形破碎，各类管线沿线危岩体、不稳定坡体、活断层和其他构造面十分复杂。地震发生后，给水系统管网破坏严重且范围广，地震5d后极重灾区结古镇供水系统也普遍处于瘫痪状态，很多偏远灾区更是供水困难。

1.4.3 交通系统震害与特点

公路交通是玉树地区主要的运输方式。从外界通往玉树州的公路只有国道214线（G214）、省道308线（S308）和309线（S309），从青海省会西宁驱车到玉树县城，路程800多km，最快也得15小时以上。且灾区位于河谷地区，很多路段依山修建，桥梁较多。地震中道路桥梁极易产生破坏。

地震发生后，G214线、S308线多处路基沉陷，路面坍塌。同时由于路面沉陷、裂缝和崩塌、滑坡等次生灾害影响，造成G214线玉树机场至结古镇道路中断，S308线部分道路堵塞，导致灾区内伤员不能及时转移疏散，救灾物资和人员运输受到严重影响。结古镇附近10余座大、中型桥梁不同程度破坏，主要表现为拱顶、隔板、桥墩、桥台等产生裂缝，个别桥基下沉，桥体错位（见图1-48）。涵洞盖板、台身、墙身等出现裂缝，严重者断裂。交通设施用房也遭受了不同程度的破坏。

图1-48 玉树地震道路桥梁震害现场

1.4.4 通信系统震害与特点

玉树州境内通信系统薄弱，设施落后，特别是移动通信覆盖范围有限，且普遍抗震能力不强。在地震中青海省电信、移动、联通3家营运公司的通信机房、通信设备、附属设施用房、传输线路、光缆、基站、塔台等遭到严重损坏。

1.4.5 避难场所缺乏

极重灾区结古镇位于扎曲河谷狭小的阶地上，人口和建筑物十分密集，开阔空间狭小，缺乏临时避难场地。据中国地震局玉树 7.1 级地震现场工作队估计，本次地震大约造成了 14 余万人无家可归，其中 9 万多人属于结古镇居民（包括常住人口和流动人口）。地震发生后，结古镇大量房屋倒塌或成为危房，9 万多人无家可归灾民使本来就显狭小的结古镇更显拥挤，地震初期很多灾民及救援队伍难以找到合适的场地临时避难。图 1-49 为结古镇赛马场受灾群众集中临时安置点，该安置点是玉树灾区最大的受灾群众临时安置点，仍有不少居民在山坡上临时避难（见图 1-50）。避难场地的缺乏在很大程度上造成了灾区震后最初几天的混乱和无序，对灾后伤员和难民的及时救治和安置造成了一定的影响。

图 1-49 结古镇赛马场临时安置点

图 1-50 灾民在山坡上临时避难

1.5 生命线工程灾后恢复与重建原则

生命线工程系统的恢复和重建要遵循如下原则：

（1）在确保安全的前提下，快速、有序地恢复生命线系统的功能，采用临时性的应急措施来保证系统的部分功能。

（2）抗震设防烈度以《中国地震动参数区划图》GB 18306—2015 规定的地震基本烈度为依据。

（3）灾后对生命线工程破坏情况进行评估，根据抗震设防烈度确定需要修复加固和重建的生命线工程结构。

（4）对于灾后需要修复和加固的生命线工程结构，当遭遇烈度高于设防烈度时，以修复为主；当遭遇烈度等于或低于重建烈度时，应修复并适当加固。对于灾后需要重建的生命线工程结构，按设防烈度要求进行重建。修复、加固和重建需要符合相关领域的技术规范和技术标准要求。

（5）在工程修复与重建过程中，遵循弹性设计与建设原则，使各生命线工程系统有更好的韧性来抵御后续次生灾害的冲击，并能够使受灾城市改变原先的演进轨道，跳跃性地获得抗灾害能力、系统的自主适应性和发展的可持续性，在修复重建的同时增强其对未来灾害的抵御能力。

（6）重建应综合考虑单元和整个系统的抗震能力，对生命线系统中的单元，如：管线、桥梁、通信塔等，进行抗震设计以确保抗震性能。除此之外，由于生命线系统往往以网络的形式分布在城市或广大区域中，因此需要对重要生命线系统进行网络层次的抗震性能设计或评价，从而确保生命线系统在网络层次的抗震性能。

（7）生命线工程的评估、加固和重建需要由有相关资质的单位和人员来进行。

第 2 章 电 力 设 施

2.1 技术总则

（1）电力设施包括火力发电厂、变电站、开关站、换流站、送电线路的建（构）筑物和电气设施以及水力发电厂的有关电气设施，但不包括烟囱、冷却塔、一般管道及其支架。

（2）电气设施包括电气设备、电力系统的通信设备、电气装置和连接导体等；水力发电厂的有关电气设施，指安装在大坝内和大坝上的电气设施。

（3）本手册所述及的电力设施修复、加固及重建的抗震设防烈度必须以调整后的《中国地震动参数区划图》GB 18306—2015 规定的地震基本烈度为依据。

（4）按照本手册进行修复、加固及重建的电力设施，当遭受到相当于设防烈度及以下的地震影响时，不受损坏，仍可继续使用；当遭受到高于设防烈度预估的罕遇地震影响时，不致严重损坏，经修理后即可恢复使用。

（5）按照本手册进行修复、加固及重建的电力设施的建筑物和构筑物，当遭受到低于本地区设防烈度的多遇地震影响时，不受损坏或不需修理仍可继续使用；当遭受到相当于本地区设防烈度的地震影响时，可能损坏，但经修理或不需修理仍可继续使用；当遭受到高于本地区设防烈度预估的罕遇地震影响时，不致倒塌或危害生命或造成使电气设施不可修复的严重破坏。

2.2 电力设施建（构）筑物修复与重建技术

2.2.1 鉴定、修复和加固技术

1. 电力设施分类

电力设施应根据其抗震的重要性和特点分为重要电力设施和一般电力设施，并应符合下列规定：

（1）符合下列条款之一者为重要电力设施：

1）单机容量为 300MW 及以上或规划容量为 800MW 及以上的火力发电厂；

2）停电会造成重要设备严重破坏或危及人身安全的工矿企业的自备电厂；

3）设计容量为 750MW 及以上的水力发电厂；

4）330kV、500kV 变电所，500kV 线路大跨越塔；

5）不得中断的电力系统的通信设施；

6）经主管部（委）批准的，在地震时必须保障正常供电的其他重要电力设施。

(2) 除重要电力设施以外的其他电力设施为一般电力设施。

2. 电力设施中的建（构）筑物分类

电力设施中的建（构）筑物根据其重要性可分为三类，并应符合下列规定：

(1) 重要电力设施中的主要建（构）筑物以及国家生命线工程中的供电建筑物为一类建筑物。

(2) 一般电力设施中的主要建（构）筑物和有连续生产运行设备的建（构）筑物以及公用建筑物重要材料库为二类建筑物。

(3) 一类、二类以外的建筑物的次要建筑物等为三类建筑物。

3. 电力设施建（构）筑物设防烈度

电力设施建（构）筑物鉴定、修复和加固时的抗震设防烈度应采用修正后的《中国地震动参数区划图》GB 18306—2015 规定的地震基本烈度。重要电力设施中的电气设施应按设防烈度提高 1 度，但设防烈度为 9 度时不再提高。

4. 电力设施建（构）筑物安全性鉴定

(1) 受灾建筑安全性评估的必要性

在第一阶段的震后建（构）筑物应急危险度评定中，主要依靠技术人员的经验以及简单便携的测试工具和仪器，很短时间内（几十分钟到一小时）对建（构）筑物进行快速的危险度评价，因此，可以满足在震后对建（构）筑物的快速评定要求。

恢复重建阶段需要针对应急评定阶段的结果，对可以维修加固使用的建（构）筑物进行详细的调查和鉴定。对于第一阶段判定为禁止使用的"严重破坏"建（构）筑物进行仔细评判，若估算加固修复费用过高，则建议拆除。

(2) 受灾建筑安全性评估的人员资质要求

震后恢复重建阶段的建（构）筑物安全性评定是一项具有相当技术含量的工作，需委托具有相应资质的检测鉴定机构、研究院所、高校和设计单位进行。

由住房和城乡建设部组织有关专家成立了受灾建（构）筑物安全性评估专家组。专家组具体负责受灾建筑安全性评估工作，包括检测技术人员资质审查、检测机构资质审查、最终检测评定报告的抽查和管理、检测数据的统计与上报。由于受灾面积范围过大，可能具有资质的检测人员数量不足，由专家组组织对那些具有工程经验而又没有资质证书的工程技术人员进行短期的上岗培训，然后颁发上岗证书。

(3) 评估过程

建（构）筑物建筑安全性评定所需进行的工作包括建（构）筑物现状调查与检测、安全性等级评定、建筑抗震鉴定，给出相应的结论与处理建议。过程如下：

需结合图纸资料对建（构）筑物结构进行全面的检查，由建（构）筑物检测技术人员严格按照建（构）筑物质量检测相关规程或规定进行操作，并借助于专门的仪器设备进行结构检测，包括现场测试以及现场取样的试验室检测。

根据现状调查与检测结果，按承载能力、构造措施、不适于继续承载的变形与裂缝，进行安全性等级评定并给出相应的处理建议。

建（构）筑物建筑的安全性分为 Ⅰ、Ⅱ、Ⅲ、Ⅳ 4 级（见表 2-1）。

建（构）筑物建筑安全性评定　　　　　表 2-1

等级	建(构)筑物状况描述	处理方法
Ⅰ	不影响整体承载	极少数一般构件应采取措施
Ⅱ	不显著影响整体承载	极少数构件应采取措施
Ⅲ	显著影响整体承载	应采取措施,少数构件必须立即采取措施
Ⅳ	严重影响整体承载	必须立即采取措施

结构的抗震鉴定应该以国家最新调整的该地区地震烈度为依据进行。根据各类建筑结构的特点、结构布置、构造和抗震承载力等因素，进行以宏观控制和构造鉴定为主的第一级鉴定、以抗震验算为主结合构造影响的第二级鉴定。不符合抗震鉴定要求的建（构）筑物必须进行抗震加固。

地震区的结构安全性鉴定和抗震鉴定完成后应综合考虑，对结构或结构构件进行相应处理。根据其不符合鉴定要求的程度、部位对结构整体安全性和抗震性能影响的大小，以及有关的非抗震缺陷等实际情况，结合使用要求、城市规划和加固难易等因素的分析，通过技术经济比较，提出相应的维修、加固、改造或更新等抗震减灾对策。

5. 电力设施建（构）筑物修复与加固

（1）基本原则

震后电力设施建（构）筑物的修复和抗震加固改造应根据国家调整以后的建（构）筑物所在地设防基本烈度进行相关工作。

（2）资质要求

震后建（构）筑物的修复和抗震加固改造应由具有相关资质的机构和技术人员来承担。相关机构和技术人员的资质要通过相关建设部门的审查。

（3）改造原则

1）对于基本完好或轻微损坏的建（构）筑物，如果建（构）筑物所在地区的抗震设防烈度没有调整，则经过简单修护后，可以使用；

2）对于基本完好或轻微损坏的建（构）筑物，如果建（构）筑物所在地区的抗震设防烈度已经调整，则应该按照调整后的设防基本烈度进行相关评估，采取对应的修复或加固改造措施；

3）对于中等破坏的建（构）筑物，根据调整后的设防基本烈度，必须采取技术可行、经济合理的修复与加固改造方法；

4）对于严重破坏的建（构）筑物，根据破坏程度以及按照调整后的设防基本烈度进行修复与加固改造费用的估算，确认没有加固改造价值的，建议拆除；可以加固改造后使用的，必须采取切实可行的加固改造方法。

震后建（构）筑物类型可分为砖混结构、钢筋混凝土结构和钢结构三类。

由政府委派的技术人员和业主协商，根据建（构）筑物类型以及破坏程度，结合使用要求、城市规划和加固难易等因素的分析，通过技术经济比较，提出相应的维修、加固、改造或更新等具体对策。

根据安全性评估结果，按电力设施建（构）筑物重要性和抗震等级，提出震后修复加固水准。针对不同结构类型采取相应的加固技术，使结构加固达到既确保安全，又经济合理。

具体加固方法可参照《地震灾后建筑物修复加固与重建技术手册》。

2.2.2 重建技术

（1）电力设施场地应选择在对抗震有利的地段，避开对抗震不利和危险的地段。当设防烈度为9度时，重要电力设施宜建在硬场地的地区。

（2）发电厂的铁路、公路或变电所的公路应避开地震时可能发生崩塌、大面积滑坡、泥石流、地裂和错位的危险地段。

（3）发电厂、变电所的主要生产建筑物、设备，应根据厂区、所区的地质和地形，选择对抗震有利的地段进行布置，避开不利地段。

（4）在高挡土墙、高边坡的上、下平台上布置电力设施时，应根据其重要性，适当增加电力设施至挡土墙或边坡的距离。

（5）发电厂的燃油库、酸碱库宜布置在厂区边缘较低处。燃油罐、酸碱罐四周应设防护围堤。

（6）发电厂厂区的地下管、沟，宜简化和分散布置，并不宜平行布置在道路行车道下面。地下管、沟主干线应在地面上设置标志。

（7）发电厂厂外的管、沟不宜布置在遭受地震时可能发生崩塌、大面积滑坡、泥石流、地裂和错动等危险地段，并应避开洞穴和欠固结填土区。

（8）发电厂的主厂房、办公楼、试验楼、食堂等人员密集的建筑物，其建筑物主要出入口应设置安全通道，其附近应有疏散场地。

（9）发电厂各功能分区的主干道，应环形贯通，道路宽度不得小于4m，道路边缘至建筑物的距离应满足地震时路面不致被散落物阻塞的要求。

（10）发电厂、变电所水准基点的布置应避开对抗震不利地段。

2.2.3 电力设施的防灾对策

1. 电力设施防灾的基本方针

在非常灾害（自然灾害以及内部、外部因素所造成的电力设备破坏、人员伤亡等所导致的对周围环境造成很大影响，造成大范围、长时间的电力供应中断，使社会生活和生产等产生障碍）发生前进行预防，灾害发生时尽量减轻灾害的后果，灾后应尽快恢复电力供应的正常状态。

2. 电力设施防灾的阶段

电力设施防灾主要分为三个不同的阶段，分别为：灾前预防、灾时应急、灾后快速修复。

灾前预防措施主要包括：选用抗灾性能好的设备，这些设备要通过抗灾设计、抗灾补强以及日常良好的维护来保持其较好的抗灾性能。

灾时应急主要是尽量减轻灾害发生时的影响范围。采取的措施包括：设备构成的多重化、要有相应的备件提供灾时支撑等。

灾后要快速进行修复。采取的措施包括：应急快速恢复物资的保障、保持恢复工作的畅通、电力公司以及与其他行业之间的相互支援等。

3. 震后电力供给原则

在大地震发生时，保障电力供给时需要考虑：

（1）发电厂、输电线路、变电站的重要设备在受损或破坏后，会发生大面积、长时间的停电，同时会对环境造成影响，因此，应实施抗震对策，尽量使重要设备运行不受影响。

（2）假设由于大地震或火灾影响造成变电站设备破坏、大范围停电发生的时候，要有多重的输电线路、变电站设备要配置多个，在停电时，电力供给可以不经过受损伤设备而直接启动备份设备功能，尽量在短时间内恢复停电区域的电力。

（3）在强震区域，如日本神户地震中发现一些由于输配电杆塔破坏或电线破断（建（构）筑物倒塌的次生灾害所引起）而引起的停电。

（4）大地震时，由于会发生大量的设备破坏，备用系统可能不能使用。另外，道路不通、恢复电力的器材物资和人员不能及时投入使用，要设想到大地震发生后的停电持续时间（日本神户地震中，在生命线系统中，电力系统是恢复的比较快的，在 7d 时间里恢复了电力供应）。

4. 震后停电快速恢复原则

（1）地震发生时，电力设备异常的情况下，保护系统和监测系统会检测到异常，并将该设备从系统中自动切除，因此，通过该设备送电的区域会停电。

（2）在发生停电的场合，对电力系统进行 24h 监测的发电厂、控制所等运行，启用电力系统的备用系统，实行初期的停电恢复工作。

（3）在配电设备大范围受灾的情况下，或变电设备受灾而需要长时间才能恢复设备功能的情况下，要预想到会存在较长时间的停电持续过程，需要实施由非常灾害对策总部制定的以快速恢复为目的的相关步骤。

（4）灾害对策总部在可能的情况下，尽量对受灾设备的状况、停电影响、相关机关的需求等有快速、正确、详细的把握：多大程度上受灾设备能够恢复供电、哪一个区域可以有限恢复供电、恢复用物资器材和人员最有效的投入方法等，都要有合适的处理方法。

5. 自然灾害防治的对策流程

（1）灾前的预防

主要包括：

1）具有抗灾性能的设备设计、设备抗灾性能的确认、未达标设备补强的实施；

2）可以回避、限制停电或短时间恢复供电的设备构成以及系统设计；

3）为了保障顺利实施非常灾害时对策活动的相关事项的准备；

4）本单位与其他单位灾害事例的探讨、教训总结、对应的新方法的交流。

（2）灾时的应急对策

基于初期对应策略的停电恢复。恢复方法包括：基于电力系统自动恢复功能的电力恢复，以及由 24h 监测人员的系统切换以及现场察看后的恢复。

（3）灾后的快速恢复

这个阶段主要进行基于设备功能恢复的供电恢复。主要指灾害管理人员、相关企业人员参与，运用救灾物资器材的应急送电和设备恢复。

6. 非常灾害行动对策

（1）灾害对策人员的快速召集

住在附近的对策要员的召集；基于自动呼叫系统的灾害对策要员的召集；根据大规模地震时的行动指南的自动出动。

（2）停电、设备破坏信息搜集和发送

确保信息联络畅通；基于灾害信息系统和防灾情报系统的信息收集；与其他机关的信息联络。

（3）恢复用物资器材的调运和搬送

恢复用器材（杆塔、小变压器、导线等）、主要送变电设备的备用品（套管、电缆、绝缘子等）的搬送；物资的调运。

（4）出动应急恢复用特种车辆

高压、低压发电车；移动变电设备（变压器、开关器）；卫星通信车；指挥车、应急车；直升机（平时巡视线路用）。

（5）基于联动协议的动员和支援

施工公司、厂房、业务委托公司的动员；电力公司相互间的支援（物资、器材、人员）。

（6）灾害时灾情通报

停电、设备受灾状况、恢复状况等信息通过媒体、网络等进行通报；通报信息用车的派遣等。

（7）对非常灾害对策人员等的支援

通过安全确认系统确认职员、家人的安全状况；保存食物、水、净水机器、临时卫生间、寝具等。

7. 防灾训练

防灾训练主要包括两部分：灾后应急恢复训练和信息训练。

灾后应急恢复训练包括设备事故时的恢复训练以及综合防灾的恢复训练。设备事故时的恢复训练主要针对设备故障事故时的停电恢复、设备功能恢复等技能的训练和实施。综合防灾的恢复训练主要包括设备部门间的协调联动、应用动作的确认，以及具有灾害时临战状态下实战的恢复训练。

信息训练包括：

（1）全公司的信息联络训练：在假想的大规模地震发生后，模拟受灾状况以及恢复顺序，由灾害对策总部所设置的信息收集与联络、恢复过程的预案、信息通报等全公司的统一行动。

（2）各分公司以及第一线机构的信息联络训练：灾害信息系统、受害与否的确认系统、自动呼叫系统等的反复操作和实施训练，以及假设当地特有灾害情况下的应急信息联络训练。

2.3 输电线路修复与重建技术

2.3.1 输电线路的主要震害分类

（1）因山体滑坡、场地液化以及不均匀沉降引起的震害；

(2) 因地震断层地表破裂、地面变形引发的输电塔震害；
(3) 因输电塔结构抗震设计不足所引发的震害；
(4) 因地震反应过大，导线相互接近发生短路、断线，以及绝缘子的震坏。

2.3.2 输配电线路杆塔结构的修复与加固技术

(1) 对于因滑坡、泥石流等次生灾害造成的受破坏杆塔，可以采取重建的方法恢复线路运行。为了保持与原线路杆塔的联系，可调整重建杆塔的位置，避开易发生次生地质灾害的地段，必要时可采用跨越塔。

(2) 对发生断线或绝缘子、金具破坏的输电线路，在确认杆塔没有受损的情况下，更换受损的导线、绝缘子或金具。

(3) 对由于地震作用而部分破坏的线路杆塔，在确认基础没有变形并且完整的情况下，可以对受损部分进行修复或加固。

(4) 对角钢结构杆塔，修复或加固可采用替换杆件、外包角钢加固的方法。

(5) 对钢管杆塔，修复和加固可采用替换杆件、局部外加加劲板的方法。

(6) 对有微小裂缝但不影响整体受力性能的钢筋混凝土杆，可以采取外包钢筋网片浇注高强砂浆、外包钢板加固等方法进行加固。

(7) 对于不能进行修复、加固或者修复、加固成本过高的受破坏杆塔，需要进行重建。

2.4 变电站设备修复与重建技术

2.4.1 变电站设备修复与重建总则

处于地震带上新站设备的选型和老站设备的更换都应认真考虑设备的抗震设计水平。设备外套管优先选用硅橡胶等复合材料外套管，避免瓷套管脆断导致的设备损坏；选用以高强度支柱绝缘子和绝缘套管为绝缘支柱的电气设备；选用重心低、顶部质量轻等有利于抗震的结构式电气设备。

35kV及以上等级的配电装置，优先选用户外、软母线、中型配电装置。220kV及以上等级的配电装置不采用棒式支柱绝缘子支持的管型母线配电装置。采用管型母线配电装置时，铝管母线采用悬吊式。

2.4.2 变压器

1. 变压器主要震害

变压器主要震害为：变压器移位、脱轨、倾斜、地基下沉、固定螺栓剪断、变压器套管根部漏油、套管破裂等。

2. 变压器震害原因

震害表现一般为主体位移、扭转、跳出轨道或倾倒，与之相伴，出现顶部瓷套瓶破坏、散热器或潜油泵等附件损坏。造成震害的主要原因是电力变压器浮放在轨道或基础平台上，未采取固定措施，或虽采取了固定措施，但强度不足，地震时将固定螺栓剪断或将焊缝拉开而导致震害。变压器破坏会大大延缓系统恢复供电的时间。

3. 变压器修复技术

对于已经发生移位、脱轨、倾斜等震害的变压器，应先进行变压器内所有电气设备的检修，完成所有检修项目后，确认可以继续使用后进行复位处理。

为了减少变压器的震害，条件许可的情况下，建议采用隔震装置做结构隔震处理，可优先采用隔震垫。采用隔震垫时，要对原变压器基础和底座分别进行处理，以方便安装隔震垫。隔震垫的选用宜通过抗震计算来选择，计算分析要考虑变压器的质量及分布特性、当地设防烈度、场地条件。

4. 套管修复

套管震害主要表现为移位、断裂、裂纹等。有些套管在地震中瓷套下端面与套管法兰盘端面间出现错位造成损坏；部分变压器发生套管法兰与瓷瓶底部连接处开裂、低压引线移位和二次电缆损伤等情况。

套管破坏后，多采用更换的方法进行修复。但是在修复中，建议使用阻尼比较大的复合套管。安装套管时，要充分注意套管与变压器连接部位的安装质量。

2.4.3 母线连接

母线震害主要表现为构架倾倒、母线支柱绝缘子的折断等。

重建技术：优先采用软母线；将母线连接方式由原来的刚性连接改变为柔性连接。对支持管型母线、瓷柱式断路器等设备在高烈度地区的应用应加以限制，如果一定要采用，应考虑对设备采用有效的减震、隔震措施。

2.4.4 开关类设备

开关类设备主要包括隔离开关、断路器和 GIS 等。

震害：隔离开关支柱瓷瓶断裂、接地开关从基础断裂。

电气设备由于自身结构原因，阻尼较低，抗震能力差。一些双端口断路器带均压电容结构，头重脚轻，导致地震中受剪切力作用，大部分从根部折断；有些刀闸开关由于质量大，在强震作用下发生断裂。

修复与重建技术：开关类设备宜优先采用低重心的机器和设备，位于地震区的断路器禁止采用双端口断路器。对断路器支架，采用刚性较低的支架代替刚性较高的支架。

2.4.5 互感器

电流互感器和电压互感器的震害主要表现为：爆裂、渗油、耦合电容器瓷套与法兰连接处开裂等。

互感器发生故障后，多数需要进行更换。在更换施工中，对于连接电流互感器、电压互感器、开关、避雷器等的设备间连接线，应留有充分的垂度，保证在各部分设备振动时，不会因为设备之间的拖曳作用而发生设备的破坏。

2.4.6 避雷器

避雷器震害主要表现为瓷瓶底座断裂等。

破坏后的避雷器只能采用更换的方法进行修复。更换时要注意与避雷器相连的设备之间的连接线要留有充分的垂度。避雷器的支架可以采用刚性较低的支架代替刚性较高的支架。

2.5 国外借鉴：日、美电力设施震后恢复重建技术

2.5.1 日本电力设施震后恢复重建技术

由于日本地震频发，日本电力系统的抗震研究以及震后应急响应机制和快速修复都制定有非常完善的制度和相应的措施。

1. 1978年宫城地震的恢复重建技术

1978年宫城县地震后，日本电力系统采取了如下改进对策：
(1) 变压器的抗震设计由静力设计法转变为动力设计法；
(2) 采用低重心的机器和设备；
(3) 对架空输、配电线路杆塔也采用抗震设计。

采取这些措施以后，在后续的1983年日本海中部地震和1994年三陆地震中震害很少，表明了这些措施的有效性。

地震中发现很多用以固定变压器的锚栓发生了破坏，从而引发变压器套管破损等。灾后主要对变压器的锚栓进行了改进加固。

对断路器支架，采用刚性较低的支架代替刚性较高的支架。

2. 1995年日本神户地震后电力设施恢复重建技术

日本神户地震发生后，关西电力公司于上午7时即在重灾区神户设立灾害对策本部，指挥电力系统的应急救灾。关西电力公司当日就有75%的职员分别开着自家车或摩托车投入抢修工作。电力公司的灾害对策本部一开始就制定了应急送电规划，制定了如下的应急送电目标和抢修方针：
(1) 重要设施（医院、避难所、政府部门）和灾民的生活用电应急供电；
(2) 向应急供电工程提供必要的抢修人员和工程用车辆；
(3) 确保设备安全、施工安全、电力安全，以防止次生灾害的发生。

经过电力公司员工及来自其他地区的援助队伍昼夜不停地抢修，到地震后的第6天，除了倒塌的建筑物和空置的房屋外，所有重要设施的生活用电和应急供电得到全面的恢复，这是生命线工程应急抢修中恢复的最快的部分。供电的恢复，不仅为灾区民众尽快恢复生活提供了必要条件，更为燃气和自来水的抢修等提供了施工所需的电力。

3. 变电站设备抗震诊断专用流程

由于变电站设备震害较为严重，日本有专门的变电站设备抗震诊断流程：
(1) 事前确认：确认需要进行抗震诊断的内容、现场情况的确认、设备资料有无的确认。
(2) 设备调查：设备的现场调查（机器基础锚栓的目视检查）、机器连接部的连接状况、电缆槽的敷设状况、设备资料图纸内容的调查。

(3) 抗震诊断：变压器、环网柜（开关柜）的抗震诊断（机器的移动、倾倒所对应的锚栓的强度检测）、机器连接部以及电缆槽的抗震性能评价。

(4) 如果用户有要求，可以进行详细的抗震性能诊断：基础混凝土劣化时的影响、砂土液化评估、有可能发生共振的设备的动力性能分析。

(5) 抗震加固设计：在设备抗震性能不满足的情况下，要进行抗震加固设计。主要包括：考虑抗震性能的机器基础锚栓的设计、机器连接部以及电缆槽等的抗震加固设计、考虑地基土液化发生可能的对策。

2.5.2 美国电力设施震后恢复重建技术

1971年2月美国San Fernando地震后，对电力系统的震害报道逐渐多了起来。1989年发生的美国Loma Prieta地震中，230kV与550kV变电站破坏严重，研究人员对此次地震中造成的大量变电站的高压电气设备震害进行了详细分析，包括对变电站、电流断路器、电压互感器、隔离开关等在地震中的破坏状态进行了较详细的描述。美国在1994年Northridge地震以后，为了改进电力系统的性能，一些瓷件开始用复合材料代替，如带有瓷套管的电流互感器、电压互感器和避雷器。开始制定电力设备临时抗震规定，对一些变电站进行重新规划布置，刚性母线和导线用柔性母线和导线代替。

第 3 章 给 水 工 程

3.1 技术总则

3.1.1 基本原则

（1）给水设施震后修复、加固的安全等级和使用年限应与建（构）筑物原设计相匹配，新建的建（构）筑物的安全等级和设计使用年限应按现行相关规范和标准执行。

（2）建（构）筑物修复的抗震设防烈度应不低于原设计的标准和现行相关抗震设计规范的规定，加固、重建的建（构）筑物的抗震设计应按调整后的《中国地震动参数区划图》GB 18306—2015 执行，并确定相应的抗震设防烈度。

（3）对新建和重建给水主要干线工程及大型水处理工程应根据修订后的《中华人民共和国防震减灾法》（中华人民共和国主席令第 7 号，2008 年 12 月 27 日）进行场地地震安全性评价。

3.1.2 修复与重建基本技术措施

（1）给水工程建（构）筑物主要包括：管井、大口井、取水头部、取水泵房（含变配电房）、输水管道、配水井、沉淀池、滤池、清水池、送水加压泵站、水塔（高位水池）、变配电房、加药间、中央控制室、化验室等。

（2）在地震后首先应进行应急危险度的评估。应急危险度评估方法：建筑物部分应按照《建筑抗震鉴定标准》GB 50023—2009 进行，构筑物部分可参照《构筑物抗震鉴定标准》GB 50117—2014 进行并应满足《室外给水排水和燃气热力工程抗震设计规范》GB 50032—2003 的要求。应急危险度评估结果分为三类：危险、警告、可继续使用。判定为危险的建（构）筑物不允许人员进入，可能采取的措施是拆除；判定为警告的建（构）筑物可允许人员进入，但不能长时间停留，待后续抗震鉴定后可采取加固改造或拆除的措施；判定为可继续使用的建（构）筑物一般无震害或震害较轻，经过修复就可使用。

（3）对于震后被彻底破坏或严重破坏的取水建（构）筑物、净水厂建（构）筑物、输水管道、高位水池，或修复成本过高，或经过地震安全评估认定原场地地处断层、滑坡等不适宜在原址重建的，应进行规划搬迁重建。

（4）对水源地重建工程的水源保护区需要重新划定。

（5）对于抗震烈度为 8 度及以下地区，重建工程中采用的水塔设计必须符合相关的抗震要求，一般采用钢筋混凝土结构。8 度以上地区禁止采用水塔作为供水设备，而应该采取其他供水方式（如无塔供水器等）进行替代。

（6）给水管网重建时必须进行网络层次的抗震可靠度分析与评估，通过对管网整体抗震性能进行功能可靠度评价，明确系统的抗震性能，如果抗震性能无法满足要求，采用增加管线、增大管径的拓扑优化方法来重新规划设计，直到满足抗震要求为止。

（7）当备用水源严重受损或遭受彻底破坏时应进行重建。对于还没有备用水源的城市和受灾县，要按照四川省人民政府或当地政府的要求建设备用水源。备用水源保护区的划定应按照《饮用水水源地保护区划分技术规范》HJ/T 338—2007 执行。

3.1.3 规范和标准

工程修复、加固和重建必须遵循下列规范和标准：
《办公建筑设计规范》JGJ 67—2006
《民用建筑设计通则》GB 50352—2005
《屋面工程技术规范》GB 50345—2012
《建筑内部装修设计防火规范》GB 50222—1995
《公共建筑节能设计标准》GB 50189—2015
《建筑物防雷设计规范》GB 50057—2010
《建筑灭火器配置设计规范》GB 50140—2005
《建筑设计防火规范》GB 50016—2014
《地表水环境质量标准》GB 3838—2002
《生活饮用水卫生标准》GB 5749—2006
《室外给水设计规范》GB 50013—2006
《建筑给水排水设计规范》GB 50015—2003（2009 年版）
《泵站设计规范》GB 50265—2010
《给水排水管道工程施工及验收规范》GB 50268—2008
《给水排水工程埋地铸铁管管道结构设计规程》CECS 142—2002
《埋地给水排水玻璃纤维增强热固性树脂夹砂管管道工程施工及验收规程》CECS 129—2001
《埋地聚乙烯给水管道工程技术规程》CJJ 101—2004
《埋地硬聚氯乙烯给水管道工程技术规程》CECS 17—2000
《给水排水工程埋地矩形管管道结构设计规程》CECS 145—2002
《工业建筑供暖通风与空气调节设计规范》GB 50019—2015
《建筑抗震鉴定标准》GB 50023—2009
《生活饮用水水源水质标准》CJ 3020—1993
《饮用水水源地保护区划分技术规范》HJ/T 338—2007
《堤防工程设计规范》GB 50286—2013
《城市供水管网漏损控制及评定标准》CJJ 92—2002
《给水排水工程构筑物结构设计规范》GB 50069—2002
《给水排水工程水塔结构设计规程》CECS 139—2002
《20kV 及以下变电所设计规范》GB 50053—2013
《供配电系统设计规范》GB 50052—2009
《低压配电设计规范》GB 50054—2011

《通用用电设备配电设计规范》GB 50055—2011
《电力装置的继电保护和自动装置设计规范》GB/T 50062—2008
《工程建设标准强制性条文：城镇建设部分（2013年版）》（中华人民共和国住房和城乡建设部，2013年8月1日）

其余国家和地方现行的相关技术规范、规程和标准。

3.2 应急阶段基本技术措施

2008年5月12日14时28分，四川省汶川县发生的里氏8.0级强烈地震，波及四川、甘肃、陕西、重庆四省（直辖市）区。四川省有18个市、州的8个市区、100个县城受灾，其中成都市、德阳市、绵阳市、广元市、雅安市、阿坝州（即"五市一州"）的多数市、县（市）是极其严重的重灾区，除人民群众生命财产蒙受巨大损失外，城镇供水行业遭受到严重破坏。据四川省城市供水排水协会统计，四川省供水受灾人口达1059万余人，损坏供水管道约7880km，毁掉自来水厂各类蓄水池839个，破坏取水工程1281处，供水设施经济损失总计约26.78亿元，重灾镇（乡）的供水设施更是遭受到了毁灭性的破坏。

灾害发生后因断电、供水机电设备损坏和建（构）筑物受损、管网受损等原因，致使灾区多数城市不能正常供水。因此在地震灾害发生后的应急供水是首先需要解决的重要环节。

3.2.1 本地供水设施严重受损状态下的应急供水

因水源地遭受破坏或供水设施及管线严重受损，在灾后一段时期内不能靠现有供水设施提供符合卫生安全要求的饮用水的局面称为应急供水。在此期间只能采取一些临时措施，保障人们生存、生活的需求。

在现有供水设施不能供水的情况下，首先应该紧急调运瓶装水、桶装水至灾区，或采用送水车向灾区临时送水。在有条件的地方，可以敷设临时供水管网从外地调水，或从未受损的自备水源向城镇临时供水。

随后应征集、调运应急净水设备到灾区进行应急供水，可以在较长时间内解决灾区的临时供水问题。应急净水设备应能以符合生活饮用水水源标准的地表水作为水源进行水处理。目前通常采用膜法处理工艺，具有处理水量大、设备紧凑、移动方便、适应力强、处理水质好等优点。这次汶川大地震后，有10多家国内外的设备供应商捐赠了大量的应急净水设备到灾区，日处理能力从10万 m^3/d 到120万 m^3/d 不等。

应急供水应进行消毒处理。对临时供水设施的出水可进行集中消毒处理，对瓶装水、桶装水可用消毒片进行消毒。需要注意的是，目前使用的饮用水消毒药品多为二氧化氯消毒粉（片），是一种杀菌消毒药品，具有一定的腐蚀性，所以在保管、使用时，一定要严格按照使用说明书的方法执行，特别是使用量要严格掌握，避免发生不必要的危险。

3.2.2 城市供水设施的应急供水

1. 供水设施的抢修

地震灾害会造成大面积停电、水源地破坏、净水厂受损、管网破损等局面，需要进行抢修才能恢复供水。

抢修前首先需要对受损建（构）筑物进行应急危险度评估，评估结果分为三类：危险、警告、可继续使用。判定为危险的建（构）筑物不允许人员进入，可能采取的措施是拆除；判定为警告的建（构）筑物可允许人员进入，但不能长时间停留，待后续抗震鉴定后可采取加固改造或拆除的措施；判定为可继续使用的建（构）筑物一般震害较轻或无震害，经过修复就可使用。

然后要正确判断系统受损情况，及时对造成停水的关键设备如加压设备、加药设备、消毒设备、厂内变配电设备及化验设备（装置）等进行抢修，以便能够尽快恢复城镇供水。

应尽快查明管网漏损点，进行抢修。短时间内无法完成抢修的部分应该关断。

地震造成的管网破损可能会使管网内部遭受污染，因此在震后正式供水前，应该对管网进行消毒处理，确保灾后饮用水水质安全。

2. 备用水源的启用

已经建有备用水源的地方，应该加强对备用水源水质的检测，确保备用水源能够作为生活饮用水水源使用。加强对备用水源设备的检查，进行必要的维护和维修，保证备用水源在需要时能投入运行。

无备用水源的地方，要寻找临时水源进行应急供水。临时水源包括地面水、农灌机井、浅层地下水等。临时水源应该水量充沛、水质良好，并且便于进行水源保护。水源水质应符合《地表水环境质量标准》GB 3838—2002、《生活饮用水水源水质标准》CJ 3020—1993 的要求，保护区的设置应按照《饮用水水源地保护区划分技术规范》HJ/T 338—2007 进行。

3.2.3 应急供水的水质安全保障

地震灾害对供水水质安全的潜在威胁在于原水水质恶化，水源遭受污染，管网破损等。应根据城市供水水源水质可能遭受污染威胁的种类及可能造成的影响，立即针对性地制定保证城市供水水质安全的应急预案，要加强对城市供水水质安全的监管及对城市供水应急工作实行统一部署、统一指挥、统一调度和统一对外宣传。各地应在抗震救灾指挥部之下成立由政府主要负责同志负责，建设、环保、卫生、水利等相关部门参加的城市供水应急保障指挥中心，负责城市供水的保障和应急指挥工作。

地震造成的山体滑坡、地层扰动，会使地面水和地下水的浊度升高。因此，以地面水作为水源的净水厂应该强化常规处理，适当增加混凝剂投加量，降低出厂水浊度。以地下水（或河边的大口井）作为水源的水厂，应该进行洗井操作，待井水达到生活饮用水标准后，再经消毒处理向管网供水。对于以河边的大口井作为水源的水厂，如果有过滤设施，则应马上投入运行，如果没有过滤设施，则应进行洗井操作。

若水源地上游存在因危险品泄漏、杀虫防疫造成的化学污染和动植物尸体腐烂、大面积疫情造成微生物污染的可能性，则需要做好预防化学污染和微生物污染的应急工作。要建立建设、环保、卫生、水利等相关部门之间的联动机制，采取查明潜在威胁，进行水源保护，扩大水源监测范围，增加原水检测项目，提高原水监测频率，做好应急药品贮备，做好投加准备工作，强化水处理过程等措施。针对突发污染事件的应急处理技术，可参考

《城镇供水应急技术手册》。现有城市供水水源出现的污染不能通过应急水处理手段消除时，应使用备用水源或临时水源供水。

因为地震灾害造成城市供水管网大面积破损，除了需要强化水处理过程之外，还要强化消毒过程，提高出厂水余氯水平，增加供水管网水质检测频率，确保饮用水安全。应急供水期间的出厂水余氯含量不应低于 0.7mg/L。

因地震造成的水厂化验设备、化验药品严重受损，致使多数水厂不能正常开展化验工作，因此需要采用水质监测车、水质化验车协助进行化验工作，也需要其他供水企业开展大量的对口支援工作，确保供水水质安全。

应急供水期间还应加强公共宣传，使每个人都知道饮水卫生的重要性，增强自我保护意识。

3.3 水源地修复与重建技术

3.3.1 抗震鉴定

（1）地震后首先应进行应急危险度评估。应急危险度评估主要依靠技术人员的经验以及简单的测试工具和仪器，短时间内对水源地进行快速的危险度评价，初步评定破坏程度，满足震后对水源地的快速评定要求。

（2）对应急评估判定为危险和警告的水源地，应进行抗震鉴定，抗震鉴定应按《建筑抗震鉴定标准》GB 50023—2009、《构筑物抗震鉴定标准》GB 50117—2014 执行，并应符合《室外给水排水和燃气热力工程抗震设计规范》GB 50032—2003 的规定。

（3）抗震鉴定主要检查管井、大口井、取水头部和吸水管沿线的场地和地基情况、取水口的整体布置、穿管处堤岸结构及防渗、管材和接口等是否符合现行抗震设计规范，检查管井是否断裂、倾斜。

（4）抗震鉴定应以调整后的《中国地震动参数区划图》GB 18306—2015 为依据进行。根据水源地构筑物的特点，地震破坏程度可划分为基本完好（含完好）、轻微破坏、中等破坏、严重破坏、垮塌 5 个等级。其划分标准如下：

1）基本完好：承重结构完好；个别非承重结构轻微破坏；附属构件有不同程度破坏。

2）轻微破坏：个别承重结构轻微裂缝；个别非承重结构明显破坏；附属构件有不同程度破坏。

3）中等破坏：多数承重结构轻微裂缝，部分明显裂缝；个别非承重结构严重破坏。

4）严重破坏：多数承重结构破坏或部分垮塌。

5）垮塌：多数承重结构垮塌。

（5）抗震鉴定完成后，鉴定单位应出具相应的鉴定报告和结论，并根据不符合鉴定要求的程度、部位对结构安全性和抗震性能影响的大小，结合使用功能、城市规划和加固难易等因素，通过技术经济比较，提出相应的维修、加固、改造或重建等抗震减灾对策。

（6）根据破坏程度，可按表 3-1 采取相应的处理措施。

破坏程度及处理措施　　表 3-1

破坏程度	处理措施
基本完好	一般不需修理即可使用
轻微破坏	不需修理或需稍加修理，仍可继续使用
中等破坏	需一般修理，采取安全措施并经加固后方可使用
严重破坏	需大修或重建
垮塌	需拆除重建

3.3.2 修复和加固方法

（1）水源地工程设施包括给水厂的管井、大口井、取水头部、吸水管以及吸水管需穿越的堤岸等相关工程。

（2）给水厂的水源地工程为城市重要基础设施，修复、加固应按设防烈度提高 1 度采取构造措施。工程修复、加固应符合《水电工程水工建筑物抗震设计规范》NB 35047—2015 和《室外给水排水和燃气热力工程抗震设计规范》GB 50032—2003 的规定。

（3）遭受泥石流、泥沙淤积等灾害的水源地，应首先清掏水源地影响范围内的河床及取水口。对清掏石块、泥沙可能引起取水设施更大破坏的工程，应视工程具体情况，选择合理的清掏时间进行水源地的修复和加固。

（4）取水头部遭受破坏时，应先修复、加固吸水管的支承结构。必要时，修复、加固前可临时拆除取水头和吸水管，保证取水设施不受更大破坏和施工安全。

（5）取水头部支承结构混凝土出现细小裂缝时，应采用压力注浆修补，注浆材料可采用环氧树脂类液剂。支承混凝土结构出现较大裂缝时，可视裂缝的宽度，采用微膨胀细石混凝土或混凝土灌缝，并在混凝土中掺加早强剂。

（6）头部支承混凝土结构发生局部塌落或破损时，应采用比原设计高一个等级的混凝土浇筑修补。用于修补的混凝土应具有微膨胀性，并掺加早强剂。修补时应先将原结构表面凿毛，对素混凝土支承结构，还应先进行植筋，保证新浇混凝土与原结构连接可靠。

（7）头部支承结构发生倾斜时，应采取可靠措施进行调校恢复（钢架）或纠倾，纠倾施工应参照《建筑物移位纠倾增层改造技术规范》CECS 225—2007 执行，使取水头部符合安全取水的条件。

（8）吸水管穿越堤岸时应保证堤岸的安全和满足防渗的要求。震后穿越处的堤岸发生损坏时，应立即在堤岸临水侧进行围堰和排水，避免发生管涌和更大的次生灾害，然后抢修堤岸。堤岸加固、修复应按《堤防工程设计规范》GB 50286—2013 执行，加强防渗处理，并符合《水电工程水工建筑物抗震设计规范》NB 35047—2015 的规定。

（9）管井发生倾斜，影响正常工作时，应参照《建筑物移位纠倾增层改造技术规范》CECS 225—2007 进行修复。对断裂和倾斜严重修复困难的管井，应拆除重建。

（10）水源地管道的修复和加固方法按 3.5.2 的内容实施。

（11）大口井的修复和加固方法按 3.4.3 的内容实施。

3.3.3 重建技术

（1）水源地的工程场地应选择在对抗震有利的地段，避开地震时可能发生崩塌、滑坡、泥石流和震陷等对抗震不利和危险的地段。

（2）给水厂的水源地工程为城市重要基础设施，并且修复、加固较为困难，水源地工程的抗震设防类别应为乙类。

（3）水源地工程的重建应严格按照《堤防工程设计规范》GB 50286—2013执行，并符合《水电工程水工建筑物抗震设计规范》NB 35047—2015和《室外给水排水和燃气热力工程抗震设计规范》GB 50032—2003的规定。

（4）水源地取水头部一般应以基岩或密实卵石层为地基持力层，并满足抗冲刷的要求。水源地取水头部支承结构宜采用混凝土、钢筋混凝土或钢结构。

（5）水源地取水管穿堤岸处应采用钢管，堤外设柔性接头。

（6）水源地工程的重建尚应符合国家现行有关规范、标准、技术规程的规定。

3.4 给水处理厂及给水泵站修复与重建技术

3.4.1 基本原则

（1）震害分析

给水处理厂及给水泵站（以下简称水厂（站））的建（构）筑物在地震中有不同程度的破坏，建筑物的破坏形式和特点与一般工业与民用建筑类似，如：框架结构填充墙开裂和倒塌、框架结构梁柱裂缝、砖混结构墙体开裂等，因为水厂（站）的建筑一般体量不大，楼层不高，地震破损的程度相对较轻。水厂（站）内的构筑物也有震损，尤以上部结构更为严重，图3-1为某给水厂送水泵房的墙体破坏情况，有的建（构）筑物在地震后变成了危房。水厂（站）的建（构）筑物之间通常设有连接走道。连接走道往往是抗震的薄弱环节，走道和支座容易破坏，图3-2是某给水厂两构筑物之间连接走道支座的破坏照片。从震后破坏现象分析，地震对建（构）筑物的地基也产生了一定的影响，图3-3是某给水厂的送水泵房，泵房的中部设有一道变形缝，地震发生后，变形缝的宽度由下至上逐渐变大，说明构筑物地基产生了不均匀的轻微震陷。钢筋混凝土水池墙板由于结构抗力大，整体性好，地震后基本完好。仅发现部分加设砌体保温墙的地面式水池，震后保温墙与钢筋混凝土壁板产生分离。

图3-1　某给水厂送水泵房的墙体破坏　　　图3-2　某给水厂两构筑物之间连接走道支座破坏　　　图3-3　某送水泵房变形缝变化情况

（2）水厂（站）在地震后首先应进行应急危险度评估。应急危险度评估主要依靠技术人员的经验以及简单的测试工具和仪器，短时间内对建（构）筑物进行快速的危险度评价，初步评定和分类筛选建（构）筑物的破坏程度，满足震后对建（构）筑物的快速评定要求。

（3）对应急评估判定为危险和警告的建（构）筑物，应进行抗震鉴定，抗震鉴定应遵照《建筑抗震鉴定标准》GB 50023—2009、《构筑物抗震鉴定标准》GB 50117—2014 执行，并应符合《室外给水排水和燃气热力工程抗震设计规范》GB 50032—2003 的规定。

（4）建筑物的抗震鉴定要求参照《地震灾后建筑修复加固与重建手册》执行。

（5）抗震鉴定应按 3.3.1 第 4 条实施。

（6）抗震鉴定完成后，鉴定单位应按 3.3.1 第 5 条的内容出具鉴定报告和结论，提出抗震减灾对策。

（7）根据构筑物的破坏程度，可按表 3-1 采取相应的处理措施。

（8）地震中遭到山体崩塌、滚石、泥石流等地质灾害损坏的水厂（站），应对其山崖采取削方、剥离、锚固、清理等技术措施，消除其威胁及影响。

（9）对局部损坏较严重的构（建）筑物原则上宜拆除受损部分并采用与原构（建）筑物相同的建筑材料和结构形式进行修复。

（10）对水厂（站）中个别受损严重的构（建）筑物，可根据其受损严重程度采取局部修复或拆除重建等措施。

3.4.2 生产系统破坏程度检查与评估

1. 生产系统破坏程度评估

（1）水厂（站）地貌改变或泥石流、崩塌等次生灾害使系统全部毁损而完全失去水厂（站）的供水功能。

（2）地震波使水厂（站）构（建）筑物及设备彻底毁损而完全失去水厂（站）的供水功能。

（3）构（建）筑物、制水供水设备、供电系统、管道系统不同程度受到破坏，暂时丧失或影响水厂（站）向管网供水，但可修复，经修复和加固后能恢复和部分恢复水厂（站）供水能力。

2. 供电系统的检查及评估

在地震后水厂（站）内电气与自控系统如出现损坏现象：

（1）在大地震发生时，由于上级电气系统受损或破坏，或者由于保护系统检测到异常，自动切除负荷，会发生大面积长时间停电，因而使水厂（站）失去供电电源，导致无法运转。

（2）发生强烈地震时，导致水厂（站）主要电气设备如主变压器、开关柜等设备主体出现位移、扭转、变形、倾倒、绝缘支柱断裂、裂纹等损害。

（3）由于地震时墙体的倒塌、顶棚跌落等造成电气设备设施损坏。

（4）地震造成部分电缆特别是控制电缆、信号电缆受损。

（5）现场控制箱、柜连接接头、端子松动、脱落，导致控制操作失灵、失效。

（6）部分检测仪表受损，失准、失效。

3. 机械设备的检查与评估

震后机械设备损坏主要表现在结构和功能上，对受损设备可以分成4类。

Ⅰ类：设备结构完好无损坏，只存在位移和位移过程中带来的紧固定位系统损坏而影响正常运行。

Ⅱ类：结构基本完好，只有小量变形和损伤，而未影响结构强度，经校正后即可投入正常运行。

Ⅲ类：结构受损，但经修补、加固后不影响正常使用或者基本恢复设备原有功能可继续使用。

Ⅳ类：结构严重损坏，已无法使用，或修补后虽然可以勉强运转但严重影响原有功能和在运行中存在安全隐患。

4. 管道系统检查与评估

首先对地面管道进行检查，再对地下管道进行检查。损坏的管件为刚性的结构性破坏时，应对管件进行修补或更换；破坏为柔性位移性破坏时，一般校正修复后即可恢复运行。

管道检查包括管路上的联络设备（如阀门）、支墩及与各构（建）筑物之间的连接处。内容如下：阀门有无漏水和破损、支墩是否有效，与构（建）筑物连接处有无松动、渗漏或脱落。

管道的破坏除直接被砸损破坏外，主要是位移造成的损坏，地下管道由于受地下土壤周边的约束，所以通常较地面管道破坏轻微。

5. 化验设备与仪表检查和评估

（1）化验设备一般由玻璃器皿为主组成，地震的直接外力机械性破坏造成化验设备严重损坏。

（2）地震的外力机械性破坏同样造成精密检测仪器严重破坏，破坏程度由影响测量精度到完全不能使用。

（3）在线仪表除外力机械性破坏外，尚存在由外电源失电、短路等造成的破坏，所以损坏面很大。

3.4.3 构（建）筑物修复和加固方法

1. 建筑物修复和加固方法

建筑物修复和加固可以参考《地震灾后建筑修复加固与重建技术手册》中的相关内容进行。

2. 构筑物修复和加固方法

本节所称构筑物指水厂（站）中的各种水池、泵房和井类。地震后经检查评估属轻微破坏、中等破坏或虽属严重破坏但具有修复和加固价值的构筑物可按下列方法进行修复和加固：

（1）对在地震中受坍塌土体挤压或由于地面变形等原因引起倾斜且具有修复价值的构筑物，可采取掏土、射水、降水等技术措施进行纠偏复位，设计、施工应遵照《建筑物移位纠倾增层改造技术规范》CECS 225—2007 的有关规定。

（2）对水厂（站）中个别受损严重的构筑物，可根据其受损严重程度采取局部修复或拆除重建等措施。

（3）对局部损坏严重的构筑物原则上宜拆除受损部分并采用与原构筑物相同的建筑材料和结构形式进行修复：

1) 局部受损构筑物，可将受损部分凿去，将创面刷洗干净，充分润湿但无积水，浇筑新混凝土前在创面上刷一层水泥素浆，再用比原混凝土强度等级高一级的微膨胀混凝土灌筑，加强养护不少于14d；

2) 受损严重的构件，应拆除重新布筋浇筑，个别被拉断的钢筋可采用焊接或植筋予以补充和加强。

（4）对基本完好或局部轻微损坏或出现中等破坏的构筑物可采取下列针对性技术措施，加固方法和实施要点可参照《地震灾后建筑修复加固与重建技术手册》的相关部分：

1) 构筑物的底板、壁板、梁、柱上的细小裂缝对构件的耐久性有影响时，可采取化学灌浆进行修复，以防钢筋锈蚀；

2) 构筑物主要受力构件上出现结构性裂缝，对构筑物或构件承载力有影响时，可通过粘贴钢板或粘贴碳纤维复合材料等补强措施进行加固处理；

3) 化学注浆、粘贴碳纤维复合材料、粘贴钢板必须由专业施工队伍施工。

（5）构筑物中的非承重墙受到破坏的，可视破坏轻重程度分别对待：

1) 破坏较轻，仅出现少量裂缝，不影响墙体稳定的，可仅对裂缝采取注浆等方法进行修补。

2) 破坏较重，裂缝较多，但不影响墙体稳定的，可采用面层加固砖墙体法或加钢筋砂浆墙垛等措施进行加固或采用局部拆除重砌等措施。

3) 对破坏严重，裂缝较多，影响墙体稳定的，须拆除重新砌筑。与承重构件间拉结筋断裂或原无拉结筋的，需通过植筋等措施加强墙体与承重构件间的连接。不同材料的墙体，应根据其长度、高度、厚度等不同情况分别按各自的规范或标准图要求在墙内设置构造柱、拉结筋、墙带以及墙顶的稳定构造措施。

4) 地震中，非承重墙体（如构筑物内的导流墙等）局部倒塌的，应重新砌筑并在墙内设置构造柱及在顶部设置拉梁等必要的稳定构件。

3.4.4 机电设备的修复和更换

机电设备的修（恢）复和更换，首先应能尽快地在第一时间满足城、镇（乡）的基本供水要求，然后再按进度需要进行完善。

1. 电气系统的修复、加固与更换

（1）在电气系统恢复运行前，应首先对变配电站、配电室等建筑物受损情况进行评估，以确定建（构）筑物能否继续使用或经修复加固后继续使用。

（2）震后恢复供水、设备抢修、检修等都需要对水厂（站）快速恢复供电。如果地震对外部电网的损害不大，应尽量争取使用原供电网络进行供电。如原供电网络不能满足供电要求，应尽快采用临时措施，如寻求第二电源、临时电源或采用柴油发电机组应急供电，力求尽快对水厂（站）恢复供电。

（3）变压器的震后修复。变压器作为水厂（站）电气系统的主要元件其震害表现一般为位移、扭转、脱落轨道、倾倒、顶部绝缘瓷瓶破坏、散热器或外壳受损等，震后应对变压器受损程度进行检查，对受损部位进行修复、更换。震后的变压器须进行电气性能检测，对通过检测可继续使用的变压器要进行复位和基础修复处理。

（4）开关柜设备的震后修复。开关柜设备由于外壳的保护作用，如果没有大质量的建筑构件和坠落物的撞击，一般不会受到太大的损害，但可能出现基础断裂、移位、变形、连接电缆松动、脱落等损害。修复时须清理建筑碎块，检查设备受损状况，检查柜内电气元件受损情况，对设备进行复位，检查和紧固连接缆线，对受损的电气元件进行修复和更换，检查工作接地和安全接地系统是否良好，做必要的电气性能检测。

（5）水厂（站）内配电电缆线路、控制电缆线路的震后修复。水厂（站）内电缆线路的震害表现一般为电缆沟、电缆托盘托架的垮塌、变形、脱落，电缆绝缘层的损害，电缆与设备接头松动、脱落等。修复时须对电缆线路沿线进行检查，对电缆与设备的接头进行检查、加固，对损害不能继续使用的电缆进行更换。

（6）水厂（站）检测仪表的震后修复。水厂（站）内通常设有一些流量、压力、液位、pH值、浊度、余氯等现场检测仪表。地震发生时这些检测仪表可能受到损坏或损害，一般表现为仪表支撑体松动、脱落，仪表连接电缆脱落、断线，仪表失准、失灵等。修复时须对仪表安装状况进行检查、复位，对电气、管道连接进行检查，对仪表进行校准。对受损不能继续使用的仪表进行更换。

2. 机械设备的修复、加固与更换

对于受损程度为Ⅰ、Ⅱ类的设备只需按原样正位、固定和作少量修理后即可投入运行；对于Ⅲ类设备应进行认真修补，确保基本上达到设备的原有功能时可投入运行，以后可根据具体情况决定更换与否；对于Ⅳ类设备原则上不能使用，立即更换或用相似设备暂时取代。如设备暂时无法更换需带病运行时应在严格的监测下运行并从速更换。

3. 管道系统的修复与更换

（1）管道之间的连接处应进行修复，防止渗漏。

（2）管道本身破坏根据破坏程度首先作针对性的修补和更换，震情稳定以后再进行完善。

（3）管道与构筑物连接处进行止漏、稳（固）定。

（4）管道位移处进行复位、固定。

（5）管线上受损阀门进行修复或更换。

（6）修复或更换管道上必要的仪表，如压力表和流量计等以确保满足城、镇（乡）的基本供水要求。

4. 化验设备与仪表的恢复

根据损坏程度编制修理和购置清单。应首先满足生产过程中最基本的设备和仪表。

3.4.5 修复期间满足供水的对策和措施

1. 水源水质水量变化时的对策与措施

（1）地震后可能出现的水源水质变化，主要是由无机物、有机物、生物和疫病污染所造成的，表现为：

1）浊度：可能短期突然改变，浊度提高很多，一般为暂时性的，很少永久性的，有的很快恢复原状，有的逐步恢复原状。

2）pH 值：可能出现变化，一般以 pH 值下降为多。

3）NH_3-N 或 NO_3-N：地面污染引起数值有一定提高，一般具有相对较短的持续时间。

4）大肠菌指数：地面污染引起数值增高，一般时间较短。

5）有机物：地面污染使生化需氧量、化学耗氧量浓度增加，一般时间相对较短，但有一定的持续时间。

6）疫病影响：传染病菌、病毒可能突发出现。

（2）对于水源水质变化的对策与措施

1）对于浊度和 pH 值的变化，一般可采用加强絮凝处理，增加絮凝剂投加量，监测 pH 值的变化，可用药物调节 pH 值，首选投加石灰来调节，既经济又方便。

2）对于大肠菌指数增高应加强消毒控制，一般采用增加加氯量，提高出厂水的余氯值并定期检测管网末端的余氯值。消毒剂不宜采用存在较多安全隐患的液氯和其他在运输和贮存过程中可能存有隐患的消毒剂，宜选用相对稳定的消毒剂，如漂粉精、消毒片及用消毒剂临时制备设备制备。

3）对于 NH_3-N 和 NO_3-N，除加强絮凝、过滤外，可以适当增加加氯量，当 NH_3-N 和 NO_3-N 很高，以上方法不能满足需求时，则可临时投加粉末活性炭。

4）对于生化需氧量、化学耗氧量增加，首先加强絮凝沉淀，必要时投加粉末活性炭。

5）对于疫病造成的影响应与当地防疫及卫生部门配合进行处理。

（3）水源水量变小取不到足够的原水时或水质已不能作饮用水水源时，经评估应开辟新水源以满足要求。

2. 水厂（站）内处理构（建）筑物的修复、加固期内为满足正常供水的对策与措施

（1）进行构筑物超越，如水厂（站）内原无该构筑物超越管时，应临时铺设超越管，在超越运行过程中应加强管理，特别应对絮凝剂投加系统加强检测和管理。当絮凝剂投加和消毒系统设施遭到破坏不能使用时，应设临时加注点及临时加注设施。

（2）化验、检测设备、仪表受损时，必须加强人工检测并及时更换和购置有关设备或借助相关部门的设备能力。

3. 外部系统破坏时水厂（站）的配合对策与措施

（1）配水管网严重受损，送水（增压）泵站无法增压时，除积极配合管网检查和修复外，应保证提供合格水质的基本水量。在失压情况下提供合格水质的水量时，应严密监测提升设备的运行工况，充分利用水厂（站）内可利用的调压设备，防止水泵及电器在失压的极端情况下运行而带来的设备损坏。

（2）在外电源未恢复供电时，利用时间对水厂（站）内的设备进行全面检查和修复，为电源恢复实现供水准备条件。

3.4.6 重建技术

1. 重建原则

以下情况需进行重建：

（1）地震中被毁城镇需整体移址重建时，给水系统随之移址重建。

(2）地震中因地貌变化或被次生灾害所毁被埋，使构（建）筑物全部破坏或虽然部分破坏，但存在致命的安全隐患时，需移址重建。

(3）由于地震烈度大于设计时考虑的烈度或其他原因造成构（建）筑物全面破坏，但经有关鉴定机构鉴定认可地质条件许可建设水厂（站）时可进行就地重建。

(4）水源地发生变化，无法取到满足水质或必要水量要求的原水时，应考虑移址重建。

(5）单体构（建）筑物严重破坏，无法修复，或加固成本经比较不经济时，应对该构（建）筑物进行单体重建。

(6）水厂（站）重建必须满足所在地调整后地震烈度的抗震要求和规划，并必须按照有关规程、规范及建设程序进行。

2. 重建技术

(1）本节中的水厂（站）包括给水厂、取水泵站、加压泵站内各种构筑物及辅助建筑物。

(2）水厂（站）重建应贯彻"小震不坏、中震可修、大震不倒"的抗震设计方针。

(3）水厂（站）选址应满足下列条件：

1）避开地震断裂带，选择对抗震有利的地质、地形、地貌的地段；

2）不受滑坡、危岩、泥石流等地质灾害的地段；

3）历史上最大地震破坏烈度不超过 9 度的地段；

4）不受洪水淹没、冲刷的地段；

5）经地质勘察适宜建筑的地段。

(4）建筑设计应力求形体简单、整齐，避免复杂平面、长悬挑、宽门脸、高女儿墙、高塔楼等不利抗震的建筑造型。

(5）结构设计应慎用底框结构；建筑物纵横向应适量、对称设置抗侧力构件；注重"强柱弱梁、强剪弱弯、更强节点"的设计理念。

(6）水厂（站）内各构（建）筑物应采用表 3-2 所列的结构形式。

构（建）筑物结构形式　　　　　　　表 3-2

项目	子项	结构形式	备注
水厂（站）	取水泵房	下部钢筋混凝土结构，上部框架结构	底板、壁板、柱、梁、板全现浇
	加压泵房		
	吸水井	钢筋混凝土结构	整体现浇
	预沉池		
	沉淀池		
	滤池		
	清水池		
	送水泵房	下部钢筋混凝土结构，上部排架结构	整体现浇
	配电室	框架结构	整体现浇
	加药间		
	管理综合楼		

续表

项目	子项	结构形式	备注
水厂（站）	机修、仓库	框架或砖混结构（注）	框架全现浇
	食堂、值班宿舍		
	门卫室		
	围墙	砖墙加配筋扶壁柱和压顶	扶壁柱间距3.0～3.6m
	水塔	钢筋混凝土结构	基础、支筒、水柜全现浇

注：1. 当采用砖混结构时，±0.00以下采用M10水泥砂浆砌MU10实心页岩砖，±0.00以上采用M7.5混合砂浆砌MU10实心页岩砖；
2. 按规范设置的DQL、GZ、GL、QL及屋盖梁、板采用全现浇结构；
3. 所用石料强度等级不得低于MU30；
4. 水塔仅用于8度及以下地区。

（7）水厂（站）重建应按国家、地方的现行规范和标准执行。

（8）水厂（站）的设计、施工图审查、施工及监理各环节的实施程序均应按国家的相关规定执行。

3.5 给水管网修复与重建技术

给水管网由输水管道及配水管道组成。

3.5.1 抗震鉴定

（1）给水管网的抗震鉴定应按《室外给水排水和燃气燃力工程抗震设计规范》GB 50032—2003执行。

（2）主要检查输配水管道沿线的场地和地基土质情况、管网的整体布置、阀门及其附属设施的设置和管材、接口等是否符合现行抗震设计规范。

（3）抗震鉴定后，对不符合抗震鉴定标准、抗震设计规范规定的，应结合城市给水规划、管网布局及当地的实际条件进行修复、加固，必要时应进行重建。

（4）输水管道的震害

输水管道的震害主要有以下几种：

1）因山体滑坡、泥石流、场地液化以及不均匀沉降引起的震害；

2）因地震断层地表破裂、地面变形引起的震害；

3）因管道结构抗震设计不足所引发的震害；

4）因地震反应过大，引发埋地管破裂，管道接头拉脱，架空管道滑落、架空管道支墩倒塌，过河拱管（圆弧管及折形管）倒塌、扭曲。

（5）震后管道受损状态

1）管道开裂，接口拉脱、切断，闸阀及管网附属设施损漏，管道断裂。

2）不同管材震后受损程度也不同，按损害程度由重到轻排序为：水泥管（特别是自应力水泥管），灰口铸铁管，硬聚氯乙烯管（PVC-U管），聚乙烯管（PE管），球墨铸铁管。

3）所处管网位置不同震后受损程度也不同，按损害程度由重到轻排序为：入户管，支管，配水干管，输水主管。图3-4是一根铺入构筑物的给水管震损的情况。

图3-4　一根铺入构筑物的给水管震损情况

4）管道受损与其埋深有关，浅埋的管道受损较重。

3.5.2 修复和加固方法

1. 给水管网的修复和加固原则

（1）给水管网修复和加固工程应根据地震鉴定后所确定的项目进行。

（2）给水管网的修复、加固或重建应根据管网受损程度、管网检漏情况及管材、接口是否符合抗震要求等综合因素确定。

（3）水厂恢复生产后，首要任务是抢修爆管、修复渗漏管道，使管网压力恢复或接近震前水平，为抗震救灾提供必要条件。

2. 管网检漏

水厂恢复生产后，震后管网压力一般偏低，故对城市管网应全面检漏，为管网快速、及时修复提供条件，检漏重点为：

（1）主干管；

（2）水泥管、灰口铸铁管、硬聚氯乙烯管；

（3）不良地基地段；

（4）敷设在河堤、穿越河道、铁路、重要交通干线地段；

（5）敷设年代已久的管道。

3. 管道检漏方法

（1）音听法

采用音听仪器寻找漏水声并确定漏水范围及漏点。

（2）相关分析检漏法

在漏水管道两端放置传感器，利用漏水噪声传到两端的时间差来推算出漏点位置的方法。

(3) 区域检漏法

在一定条件下，测定小区内最低流量，以判断小区管网漏水量并通过关闭区域内阀门缩小漏水探测范围的方法。

(4) 区域装表法

在检测区域的进、出水管上都装置流量计，用进水总量和用水总量差，判断区域管网漏水的方法。

(5) 区域检漏兼区域装表检漏法

在检漏区同时具有区域装表法及区域检漏的装置。当进水量与用水量之比超过规定要求时，采用区域检漏法检漏。

上述管网检漏方法的具体要求、使用条件等应遵循《城市供水管网漏损控制及评定标准》CJJ 92—2002 的规定。目前，检漏一般采用音听法。当检漏难以查出漏点，而管网仍处于全面失压，管网压力仅为震前的 70% 时，说明管网受损特别严重。

4. 管道修复和加固方法

(1) 对于因地基土液化及不均匀沉降造成的管道破坏，除修复或更换管道外，尚应对地基进行抗液化及抗不均匀沉降的处理。

(2) 对于因地震断层地表变形引起的管道破坏，除对管道进行修复或更换外，对管道穿越断层段应按《室外给水排水和燃气热力工程抗震设计规范》GB 50032—2003 进行设计与施工。

(3) 管壁漏水、管材破裂和接头渗漏时，应根据管道的管材、损害程度及部位等因素确定修补方法。

(4) 更换损坏的管材及管件应按照各种管材的施工敷设要求进行。

(5) 管道修复、加固后，还应采取相应措施消除由于地震造成的各种外部隐患。

(6) 管道修复、加固具体方法因管材不同而异，应遵循各种管材的有关规范、技术规程的规定。

3.5.3 重建技术

1. 重建要求

通过给水管网的重建，使给水管道的布局、阀门的设置、管材和接口的选择符合《室外给水排水和燃气热力工程抗震设计规范》GB 50032—2003 的要求。

2. 重建策略

(1) 先严重后一般。震后严重影响连续供水的易爆、漏水严重的管段，严重影响输水水质的管段，严重影响输配水的瓶颈管段，均要首先安排重建。

(2) 先易后难。投资少、费时少、见效快的先办。

3. 重建方法

(1) 编制管网重建计划，经调查分析及上述策略，确定管道重建范围，针对不同情况，采用不同的重建方案。

(2) 管道重建应因地制宜。可选用拆旧换新、管内衬软管、管内套管等方式。

4. 重建原则

(1) 地震中被毁城镇需整体移址重建时，给水管网随之移址重建。

（2）对于因滑坡、泥石流等次生灾害造成的管道破坏，可采用改线重建的方法，以恢复正常运行。

（3）对于不能进行修复、加固或修复、加固成本过高的输水管道，需进行重建。重建时选用的管材应具有较好耐震性能。

（4）位于高烈度（8度及以上）地震区的输水管道，应尽量不采用架空敷设，穿越河道时尽量采用倒虹管，倒虹管两端应设置柔性接头。

（5）给水管网已建的灰口铸铁管（为淘汰管材）、自应力混凝土管（易出现二次膨胀及横向断裂）应拆除重建。

（6）敷设年代已久的管道应逐步拆除重建。

5．重建技术

（1）调整、移址及重新规划的城市给水管网，在重建前应按照《室外给水设计规范》GB 50013—2006 的要求进行管网水力平差计算，以复核管网是否满足水量及水压的要求。

（2）大、中城市的给水主干管应敷设成环状，达不到此要求的，应增建主干管，形成环网，以达到城市供水安全的要求。

（3）管材、接口形式

重建管道应按抗震性能好；安全可靠性高、维修量少；运输、施工方便；使用年限长；阻力小、输水能力强；价格相对低等原则选择管道材质。

根据山区特点，管径≤300mm 宜采用聚乙烯管材（PE 管）及管件，热熔或电熔接口。

管径 400～1200mm 宜采用球墨铸铁管材及管件，承插式橡胶柔性接口。

下列地段应采用钢管：过河倒虹管或架空管；穿越铁路或主要交通干线及位于地基土为液化土地段的管道；不能避开活动断裂带的埋地给水管道及其套管。钢管采用焊接连接。

（4）重建管道在下列部位设置柔性接头：

1）地基土质突变处；

2）穿越铁路及其他重要的交通干线两端；

3）承插式管道的三通、四通、大于45°的弯头等附件与直线管段连接处；

4）当设防烈度为 7 度且地基土为可液化地段或设防烈度为 8 度、9 度时，水泵的进、出管上；

5）管道穿越墙体或基础为嵌固时的穿越管道上。

（5）管网上的阀门均应设置阀门井。

（6）断裂带两侧的管道上（距断裂带有一定的距离），应设置紧急关断阀。

（7）架空管道的支座上，应设置侧向挡板。

6．抗震评价

供水管网的重建需要进行整体抗震性能评价。评价方法需要采用考虑地震作用下管网出现渗漏情况的分析方法进行。渗漏模型可以采用点式渗漏模型，评价地震作用下管网的渗漏流量，考虑地震的随机性，在此基础上进行管网的抗震功能可靠度评价。如果管网抗震功能可靠度不能满足要求，有必要采用通过增加管线和改进管径的管网拓扑优化方法来实现管网的优化设计。

7. 其他规定

重建给水管网的设计、施工尚应符合国家现行的有关标准、规范、技术规程的规定。

3.6 水塔修复与重建技术

3.6.1 抗震鉴定及震害

（1）震害分析

水塔的结构重量和荷载集中在顶部，荷载的分布对抗震极为不利，作为支撑构件的筒壁或支柱在地震时容易发生破坏，若水塔发生倒塌，还可能发生更大的次生灾害。从图3-5可以看到，水塔的钢筋混凝土筒壁在开孔部位产生了应力集中，出现地震裂缝，提醒我们要加强水塔结构的抗震措施和构造设计。

（2）水塔抗震鉴定应严格遵照《建筑抗震鉴定标准》GB 50023—95执行。

（3）水塔震害调查应着重检查筒壁、支柱的裂缝及损坏情况；基础的倾斜严重程度；上下进、出水管接头拉脱及损坏程度。

图3-5 水塔钢筋混凝土筒壁产生裂缝

（4）水塔的震害破坏等级应按下列标准划分为5个等级。

1) 基本完好：筒身、柱子完好，基础无倾斜；

2) 轻微破坏：筒身、柱子个别部位轻微裂缝，基础基本无倾斜；

3) 中等破坏：筒身、柱子明显裂缝，基础出现肉眼可观察倾斜；

4) 严重破坏：筒身、柱子严重裂缝并错位，砖柱子支承的水塔其砖柱严重裂缝并酥碎，水柜移位，基础明显倾斜；

5) 倒塌：水柜塌落或整体倒塌。

3.6.2 修复和加固方法

1. 水塔修复、加固原则

（1）水塔的修复、加固应根据水塔受损程度、结构形式及材料是否符合抗震鉴定标准等综合因素确定。

（2）如果水塔短时间内难以修复、加固，供水应超越水塔，直接向管网送水，为抗震救灾提供必要条件。

2. 水塔修复、加固方法

（1）进水管、出水管、溢水及泄水管，如不是钢管应全部更换。如是钢管可切割、更换破坏部分的钢管、管件或更换阀门。托架、支架按受损程度进行加固或增设。弯头、三通、阀门等配件前后应补设柔性接口。埋地管道可采用PE管或承插式橡胶柔性接口的球墨铸铁管。

(2) 当水塔基础的倾斜程度在抗震鉴定标准允许值范围之内时，应对水塔进行纠倾并对地基进行加固。纠倾加固应严格按《建筑物移位纠倾增层改造技术规范》CECS 225—2007 进行。

(3) 对经鉴定受损不甚严重可修复加固的砖砌支筒水塔，可根据受损轻重程度分别采用压力灌浆、钢筋砂浆面层、钢筋混凝土套、扁钢网箍等技术措施进行加固处理；具体做法可参照《地震灾后建筑修复加固与重建技术手册》进行。

(4) 对经鉴定受损不甚严重可修复加固的钢筋混凝土支柱水塔，可根据受损轻重程度分别采用化学注浆、钢筋混凝土梁柱外包加固、粘贴钢板等技术措施进行加固处理；具体做法可参照《地震灾后建筑修复加固与重建技术手册》进行。

(5) 对经鉴定受损不甚严重可修复加固的钢筋混凝土支筒水塔，可根据受损轻重程度分别采用化学注浆、钢筋砂浆面层、扁钢网箍、钢筋混凝土套、粘贴钢板等技术措施进行加固处理；具体做法可参照《地震灾后建筑修复加固与重建技术手册》进行。

(6) 当水塔个别部位或构件已损坏，但整体鉴定结果尚可继续使用时，可对需加固的部位进行加固，加固方法严格按《混凝土结构加固设计规范》GB 50367—2013 执行。

3.6.3 重建技术

(1) 重建水塔应采用钢筋混凝土支筒水塔，混凝土强度等级应大于 C35。不得采用砖或石砌支筒、支柱水塔。

(2) 水塔所在场地应避开地震断层、滑坡、泥石流及液化土地段。

(3) 水塔设计应严格按以下标准进行：

《给水排水工程构筑物结构设计规范》GB 50069—2002

《室外给水排水和燃气热力工程抗震设计规范》GB 50032—2003

《给水排水工程水塔结构设计规程》CECS 139—2002

(4) 水塔离其他建筑物的距离不应小于水塔高度的 1.5 倍，避免发生次生灾害。

(5) 如需在大于 8 度地区修建水塔，应进行专门研究。

(6) 对大于 8 度地震区一般不采用水塔作为供水设备。对大、中型水厂可采用高位水池（地形条件许可时）、调节水池泵站；对于无地形条件可利用的村、镇小型水厂可采用气压给水设备、变频调速给水设备及自动控制电磁调速给水设备等调节装置。

3.7 国外借鉴：日本阪神—淡路地震供水系统震后恢复实例

3.7.1 受损情况

1995 年 1 月 17 日日本发生阪神—淡路 7.3 级大地震，是日本自 1923 年关东大地震以来最严重的地震灾害。地震造成的给水管网破坏使兵库县内的神户、尼崎、西宫、芦屋、伊丹宝塚、川西、明石、三木等 9 市和津名、淡路、北淡、一宫、东埔 5 町断水一个多月。这个地区供水总户数为 135.56 万户，人口约为 342.6 万人，供水量 136.3 万 m^3/d。震后约有总户数的 85% 断水，资料显示，此次地震供水管网破坏严重，管道破坏统计见表 3-3。

不同类型管道的破坏统计　　　　　　　　　表3-3

管道类型	延性铸铁管		铸铁管		聚氯乙烯管		钢管		石棉水泥管	
管道长度（km）	1874		405		232		30		24	
破坏	处/km	处	处/km	处	处/km	处	处/km	处	处/km	处
管身	0	9	0.63	257	0.38	88	0.33	10	1.24	30
管件	0	1	0.31	124	0.17	40	0.03	1	0.04	1
接头拉脱	0.47	880	0.49	199	0.33	76	0	0	0.37	9
接头破坏	0	2	0.06	25	0.50	115	0.07	2	0.08	2
接头插入	0	5	0	1	0.01	3	0	0	0	0

从表中可见，延性铸铁管在地震中的破坏将近一半是接头拉脱，其他管材则以管身破坏居多。净水厂的破坏主要有：水处理设施池体的接口处破坏、漏水；构筑物进出水管接口处断裂；房屋地面下沉；楼盖沉降；未锚固的机电设备移位、倾倒；管道支座下沉；管道接口拉脱；管体破损及挡土墙移位等。

3.7.2 应急措施

紧急供水的主要方法是利用水罐车和便携式水罐进行水的运输，但由于交通堵塞使得其效率比较低。此后，为了扩大供水区域，采取了从消火栓向供水车灌水，利用消火栓设置暂时的供水阀门和临时供水管道，以及确保住宅区内部的供水措施，达到了紧急供水效率的提高和市民运水距离的减少。另外，应急供水也得到了其他城市以及民间的各种协助。支援高峰在1995年1月25日，由83个城市、20个民间团体和804名自卫队员，加上432台紧急供水车展开了紧急救援。除陆上供水之外，也展开了海上供水救援，由海上自卫队提供6艘船舰、海上保卫厅2艘船只、民间3艘船只组成了海上供水小组。由消火栓制成的临时供水阀门的数量在第7周达到了高峰，共建900处。此外，还发放了桶装水和瓶装水。

3.7.3 修复与加固

为了修复破损的供水设施，日本水道集团向其他城市申请援救，同时其他水道管理机构请求援助指定的各个修复点，然后进行供水设施修复。对于室内给水管道的破坏，主要以市民为个体进行个别修复。自来水管道局针对供水设施被损的状况采取了针对性的措施来进行修复。

第 4 章 排 水 工 程

4.1 技术总则

4.1.1 基本原则

(1) 排水设施震后修复、加固的安全等级和使用年限应与建（构）筑物原设计相匹配，新建的建（构）筑物的安全等级和设计使用年限应按现行相关规范和标准执行。

(2) 建（构）筑物修复的抗震设防烈度应不低于原设计的标准和现行相关抗震设计规范的规定，加固、重建的建（构）筑物的抗震设计应按调整后的《中国地震动参数区划图》GB 18306—2015 执行，并相应确定抗震设防烈度。

(3) 对新建和重建排水主要干线工程及大型水处理工程应根据修订后的《中华人民共和国防震减灾法》（中华人民共和国主席令第 7 号，2008 年 12 月 27 日）进行场地地震安全性评价。

4.1.2 修复与重建基本技术措施

(1) 排水工程建（构）筑物应根据震后应急危险度的评估结果，制定相应的修复措施。

建（构）筑物除存在对排水安全及人员安全有重大隐患外，一般修复应在地震（含余震）基本平息以后进行。

(2) 排水设备应根据受损情况、使用功能和达到系统运行所需时间，分别采用复位、修复、更换、重建等不同的方法进行震后恢复处理。

(3) 重建工作应符合灾后恢复重建规划要求，并结合城市供水设施建设和改造进行。

(4) 重建工程设计应考虑地震损坏后的应急措施设置，设备的选型应利于灾后尽快修复和更换，自控系统必须具备人工控制措施。

(5) 对遭受地震严重破坏的污水处理厂或污水处理、污水提升等建（构）筑物，或修复成本过高，或经过地震灾害危险性评估认定原场地不适宜建厂的，应进行重建。

(6) 对于遭受地震破坏严重或修复成本过高的排水管道应进行重建。重建工作应在灾后恢复重建规划的指导下进行。

(7) 排水管道重建应根据管道受损情况，选择合适的管材和检查井结构形式。管道接口、基础和回填土密实度，应根据规范并结合管道受损情况确定。

4.1.3 规范和标准

排水工程修复、加固和重建必须遵循下列规范和标准：

《建筑抗震设计规范》GB 50011—2010
《建筑抗震鉴定标准》GB 50023—2009
《建筑地基处理技术规范》JGJ 79—2012
《堤防工程设计规范》GB 50286—2013
《建筑抗震加固技术规程》JGJ 116—2009
《混凝土结构加固设计规范》GB 50367—2013
《构筑物抗震设计规范》GB 50191—2012
《室外给水排水和燃气热力工程抗震设计规范》GB 50032—2003
《水电工程水工建筑物抗震设计规范》NB 35047—2015
《建筑物移位纠倾增层改造技术规范》CECS 225—2007
《办公建筑设计规范》JGJ 67—2006
《民用建筑设计通则》GB 50352—2005
《屋面工程技术规范》GB 50345—2012
《建筑内部装修设计防火规范》GB 50222—1995
《公共建筑节能设计标准》GB 50189—2015
《建筑物防雷设计规范》GB 50057—2010
《建筑灭火器配置设计规范》GB 50140—2005
《建筑设计防火规范》GB 50016—2014
《室外排水设计规范》GB 50014—2006（2014 年版）
《建筑给水排水设计规范》GB 50015—2003（2009 年版）
《泵站设计规范》GB 50265—2010
《给水排水管道工程施工及验收规范》GB 50268—2008
《城市防洪工程设计规范》GB/T 50805—2012
《埋地排水用钢带增强聚乙烯螺旋波纹管管道工程技术规程》CECS 223—2007
《埋地给水排水玻璃纤维增强热固性树脂夹砂管管道工程施工及验收规程》CECS 129—2001
《埋地聚乙烯排水管管道工程技术规程》CECS 164—2004
《埋地硬聚氯乙烯排水管道工程技术规程》CECS 122—2001
《城镇污水处理厂污染物排放标准》GB 18918—2002
《给水排水工程埋地矩形管管道结构设计规程》CECS 145—2002
《工业建筑供暖通风与空气调节设计规范》GB 50019—2015
《20kV 及以下变电所设计规范》GB 50053—2013
《供配电系统设计规范》GB 50052—2009
《低压配电设计规范》GB 50054—2011
《通用用电设备配电设计规范》GB 50055—2011
《电力装置的继电保护和自动装置设计规范》GB/T 50062—2008
《工程建设标准强制性条文：城镇建设部分（2013 年版）》（中华人民共和国住房和城乡建设部，2013 年 8 月 1 日）
其余国家和地方现行的相关技术规范、标准和规程。

4.2 应急阶段基本技术措施

4.2.1 排水管道

震后应尽快查明排水管道受损情况，保证管道和排放口畅通，避免城市遭受内涝和污水浸泡。确定管道漏损位置可以结合平时运行管理的经验，根据震后管道内水质、水量发生较大变化的情况，逐步缩小疑似损坏范围，找出漏损点。管道受损情况的全面、准确判定最好采用带摄像头的设备，对疑似损坏管道进行逐条检查。

管道疏通时必须注意安全。在余震平息前，不得采用井下人工作业，应采用机械或高压射水疏通。

对因管道折断或地面坍塌导致管道或排放口堵塞处，应采取临时措施抽升排放。

在管道和处理厂恢复运行前，禁止工业废水排入市政排水管道。有毒有害工业废水应就地设置应急储存设施，以保证环境的安全。

4.2.2 污水处理厂（站）及排水泵站

地震灾害会导致污水处理厂（站）、排水泵站受损，须进行抢修才能恢复运行。

抢修前首先应对受损建（构）筑物进行应急危险程度评估，评估方法：建筑物部分按照《建筑抗震鉴定标准》GB 50023—2009 进行，构筑物部分可参照《构筑物抗震鉴定标准》GB 50117—2014 进行，并应满足《室外给水排水和燃气热力工程抗震设计规范》GB 50032—2003 的规定。

评估结果分为三类：危险、警告和可继续使用。判定为危险的建（构）筑物不允许人员进入，可能采取的措施是拆除；判定为警告的建（构）筑物可进入，但不能长时间停留，待后续抗震鉴定后可采取加固改造或拆除的措施；判定为可继续使用的建（构）筑物一般无震害或震害较轻，经过修复即可使用。

正确判断污水处理系统受损情况，及时对造成系统停运的关键设备如提升设备、曝气设备、消毒设备、厂站内变配电设备等进行抢修，以便尽快恢复系统运行。在不能马上全面恢复系统运行时，应首先恢复提升设备和消毒设备的运行，或采取临时提升和消毒措施，污水须经过消毒后再应急排放。

对采用紫外线消毒的处理厂，在系统恢复运行前，应采取在提升泵房吸水井投加二氧化氯消毒粉或漂白粉措施。

抢修作业时，必须注意施工安全。进入检查井和提升泵房吸水井必须采取通风措施，严禁单人作业。

余震平息前，不得进入检查井和排水管道内作业。

应根据排水工程受损情况，尽快采购或调运必需的应急设备和材料，如：潜水泵、发电机、疏通设备、塑料管道、消毒粉等。

4.2.3 过渡性安置区

过渡性安置区应设置集中的排水收集系统，并做到雨、污分流。污水收集后，应尽量排入城市污水管道；条件不具备时，应设置小型净化装置、沼气净化池或化粪池，出水应经消毒后外排。排放点的设置应符合环保部门的要求，尤其要避免对饮用水水源造成污染。

4.3 排水管渠系统修复与重建技术

4.3.1 抗震鉴定

（1）排水管渠的抗震鉴定应符合《室外给水排水和燃气热力工程抗震设计规范》GB 50032—2003 的规定。

（2）排水管渠的抗震鉴定，应着重检查管道沿线的场地、地基土质和水文地质情况、管道的埋深和管内排放的水质、水量变化，管材和接口构造等。

（3）抗震鉴定后，鉴定单位应出具相应的鉴定报告和结论，对不符合抗震鉴定标准、抗震设计规范规定的应结合城镇排水规划、管网布局、使用功能、当地的实际条件及修复、加固难易等因素，通过技术经济比较，提出相应的修复、加固或重建等抗震减灾对策。

（4）排水管渠的震害

排水管渠的震害主要有以下几种：

1）因山体滑坡、泥石流、场地以及不均匀沉降引起的震害；
2）因地震断层地表破裂、地面变形引起的震害；
3）因管渠结构抗震设计不足所引发的震害；
4）因地震反应过大，引起管渠的破坏。

（5）震后排水管渠受损状态

根据现场调查及检测，排水管渠受损主要有以下几种：

1）管道开裂；
2）管道折断；
3）接口拉脱、错位；
4）管件损坏；
5）无筋砌体的检查井及沟渠裂缝；
6）管道受损程度与其埋深有关，浅埋的管道受损较重；
7）管道受损程度与管径、管截面刚度有关，管径小、管截面刚度小的管道受损较重。

4.3.2 修复与加固方法

1. 排水管渠的修复与加固原则

（1）排水管渠的修复和加固工程应根据地震鉴定后所确定的项目进行。

（2）管道修复、加固具体方法因管材不同而异，应遵循各种管材的有关规范、技术规程的规定。

（3）排水管渠的修复、加固或重建应根据管渠受损程度及管材、接口、基础是否符合抗震要求等综合因素确定。

2. 管渠检漏

震后应对管渠全面检漏，检漏重点为：

(1) 主干管；

(2) 不良地基地段；

(3) 敷设在河堤、穿越河道、铁路、重要交通干线地段；

(4) 管道敷设年代已久的地段。

管道检漏由专业人员现场调查、观察，可根据震后管道及检查井内水质、水量发生较大变化的情况，逐步缩小疑似损坏范围，找出漏损点，并结合使用带摄像头的检漏设备检测。

3. 排水管渠的修复与加固技术措施

(1) 排水管网系统间或系统内，各干管之间应尽量设有连接管。不符合要求时，可结合各排水系统的重要性，逐步增设连通管。

(2) 位于地基土为可液化土地段的管道，应符合下列要求：

1) 圆形管道应配有钢筋，设有管基及柔性接口。

2) 无筋砌体的矩形或拱形管道，应有良好的整体构造，基础应设有整体底板并宜配有钢筋。

对现有已施工和正在运营的排水管道，提高其抗不均匀沉陷的适应能力，可采用增设管道基础（135°或180°混凝土管基础）。施工时应采用跳跃式施工顺序，每施工段长度为半管长的长度，段与段之间应设连接钢筋（直径14～18mm），伸入每段的锚固长度不小于500mm。

(3) 对于管道地基的抗液化措施，应根据管道的使用功能、地基的液化等级，按表4-1的规定选择采用。

管道地基的抗液化措施　　　　　表4-1

管道类别 \ 液化等级	轻微	中等	严重
污水主干道	D	C	B+D
一般管	不处理	D	C

注：B——部分消除地基液化沉陷；
　　C——减小不均匀沉陷、提高管道结构对不均匀沉陷的适应能力；
　　D——提高管道结构适应不均匀沉陷的能力。

(4) 当抗震鉴定加固烈度为8度、9度时，敷设在地下水位以下的圆形管道，应配有钢筋并设有管基。不符合要求时，对下列情况的管段应采取加固措施：

1) 与其他工业或市政设施管、线立交处；

2) 邻近建筑物基底标高高于管道内底标高，管道破裂将导致建筑物地基土层流失时（亦可对建筑物地基采取防护加固）。

(5) 过河倒虹吸管的上端弯头处应设有柔性连接。不符合要求时，当场地为Ⅲ类或地基土夹有软弱黏性土、可液化土层时，应增设。

(6) 对于下列排水管道，应按国家现行的《室外给水排水和燃气热力工程抗震设计规范》GB 50032—2003进行抗震验算。当其强度或变形不符合要求时，应采取加固措施：

1) 敷设于水源防护地带的污水或合流管道;
2) 排放有毒废水的管道;
3) 敷设在地下水位以下的具有重要影响的排水干管。

(7) 对于因地基土液化及不均匀沉降造成的管道破坏,除修复或更换管道外,对地基土液化地段或严重不均匀沉降的软弱土层地段,应进行处理,具体处理方法可采用水泥土搅拌法或高压喷射注浆法,详见《建筑地基处理技术规范》JGJ 79—2012 及其他相关施工手册。

(8) 对因地震断层地表变形引起的管渠破坏,除对管渠进行修复或更换外,对管渠穿越断层段应按《室外给水排水和燃气热力工程抗震设计规范》GB 50032—2003 进行设计与施工。

(9) 管道开裂、接头渗漏时,应根据管道的管材、损害程度及部位等因素确定修补方法。

对管道一般开裂的排水管道,当其不影响水流条件时,可采用C20混凝土包封,包封断面为($400mm+D_{外}$)×($400mm+D_{外}$),包封段长度为($1000mm+$裂缝管段长度$+1000mm$)。

(10) 对损坏严重、难以修复的管材及管件应更换,更换应按照各种管材的施工敷设要求进行。

(11) 对排水管道的接口拉脱、错位,应进行纠偏,然后用C20混凝土包封,包封断面为($400mm+D_{外}$)×($400mm+D_{外}$),包封段长度为($1000mm+$接口段长度$+1000mm$)。

(12) 无筋砌体的检查井及沟渠裂缝可采用压力灌浆法进行修复。压力灌浆的做法是用空气压缩机或手压泵将粘合剂灌入砌体裂缝内,将开裂的砌体重新粘合在一起。有关压力灌浆方法及粘合剂配方详见《地震灾后建筑修复加固与重建技术手册》或其他施工手册。

(13) 当管道发生明显沉陷时,应对管道进行更换和整坡处理。

(14) 管道修复、加固后,还应采取相应措施消除由于地震造成的各种外部因素。

4.3.3 重建技术

1. 重建原则

(1) 地震中被毁城镇需整体移址重建时,排水管渠系统随之移址重建。

(2) 对于不能进行修复加固,或修复加固成本高、没有修复加固价值的排水管渠,需进行重建。

(3) 对于因滑坡、泥石流等次生灾害造成的管渠破坏,可采用改线重建的方法。

(4) 敷设年代已久的管道应逐步拆除重建。

(5) 重建应先严重后一般。震后严重影响排水系统畅通的管段、严重影响排水的瓶颈管段,应先安排重建。

2. 重建技术

(1) 在抗震鉴定、调查分析的基础上,确定重建范围和重建方案,编制排水管渠重建计划。

(2) 排水管渠系统的重建应符合灾后重建规划要求,并结合城市道路、给水管网等设施的建设和改造进行。

（3）排水管渠平面位置和高程，应根据地形、土质、地下水位、道路情况、原有的和规划的地下设施、施工条件以及维护管理方便等因素综合考虑确定。

（4）排水管渠的布置应避开或远离断层，同时要避开地震时可能发生崩塌、大面积滑坡、泥石流、地裂和错动等危险地段。

（5）管渠材质、管渠构造、管渠基础、管渠接口，应根据排水水质、断面尺寸、土质、施工条件、抗震性能、价格、使用年限及维护等因素进行选择。

（6）排水管管材、接口

综合上述因素，排水管管材、接口按以下原则选择：

1) 当管径≤500mm时，可采用双壁波纹塑料管（PVC-U、PE），橡胶圈柔性接头。

2) 当管径>500mm时，采用钢筋混凝土管，橡胶圈柔性接头。

3) 在山区敷设的管道，考虑运输、施工方便，管径≤800mm时，可采用双壁波纹塑料管（PVC-U、PE），橡胶圈柔性接头。

4) 不采用陶土管或其他易碎管道。

（7）管道在下列部位应设置柔性接头及变形缝：

1) 地基土质突变处；

2) 穿越铁路及其他重要的交通干线两端；

3) 承插式管道的三通、四通、大于45°的弯头等附件与直线管段连接处。

（8）当设防烈度为7度且地基土为可液化地段或设防烈度为8度、9度时，泵的进、出管上宜设置柔性连接。

（9）排水过河倒虹管（非顶管），不论采用何种管材均应用混凝土包封并适当配置构造钢筋。

（10）排水管穿越铁路或主要交通干线应采用套管形式，套管管材可采用钢管或钢筋混凝土管。

（11）排水管穿过液化土地段时应对液化土进行处理，处理方法可采用水泥搅拌桩或高压喷射注浆。

（12）排水管穿越断层地段时应采用现浇钢筋混凝土管渠，同时离断层两端一定距离处应设柔性接头。

（13）污水管道和附属构筑物应保证其密实性，防止污水外渗和地下水入渗。

（14）排水管渠与其他地下管渠、建（构）筑物等相互间的位置应符合下列要求：

1) 敷设和检修管道时，不应互相影响。

2) 排水管道损坏时，不应影响附近建（构）筑物的基础，不应污染生活饮用水。

（15）各个系统或系统内的干管间应适当设置连通道，可用于当下游发生破坏时，作临时排水之用；污水干管应设事故排出口。

（16）排水渠道，应采用混凝土或钢筋混凝土结构。

（17）检查井、阀门井结构材料应采用钢筋混凝土或高密度聚乙烯。

（18）排水管道重建应考虑管道检漏设备和疏通设备的采购。

（19）重建排水管渠的设计、施工尚应符合国家现行有关规范、标准、技术规程的规定。

4.4 污水处理厂（站）及排水泵站修复与重建技术

4.4.1 基本原则

（1）震害分析

污水处理厂（站）和排水泵站（以下简称厂站）的建（构）筑物在地震中的破坏情况与给水工程厂站类似，如：框架结构填充墙开裂和倒塌、框架结构梁柱裂缝、砖混结构墙体开裂等，厂站内的建筑物地震破损的程度相对较轻，厂站内的构筑物的上部结构也有不同程度的震损，图4-1为某污水处理厂加药间的墙体破坏情况。污水处理厂的大型建（构）筑物通常设有变形缝，从图4-2可以看到，地震时由于缝两边的结构位移不一致，不仅缝内的填充材料遭到损坏，两部分池墙在强烈碰撞下也已损坏。

图4-1 某加药间的墙体破坏　　　　图4-2 某水池变形缝损坏

（2）厂站在地震后首先应进行应急危险度评估。应急危险度评估主要依靠技术人员的经验以及简单的测试工具和仪器，短时间内对建（构）筑物进行快速的危险度评价，初步评定和分类筛选建（构）筑物的破坏程度，满足震后对建（构）筑物的快速评定要求。

（3）对应急评估判定为危险和警告的建（构）筑物，应进行抗震鉴定，抗震鉴定应遵照《建筑抗震鉴定标准》GB 50023—2009、《构筑物抗震鉴定标准》GB 5017—2014执行，并应符合《室外给水排水和燃气热力工程抗震设计规范》GB 50032—2003的规定。

（4）建筑物的抗震鉴定要求参照《地震后建筑物修复加固与重建手册》执行。

（5）震后的抗震鉴定应委托具有相应资质的检测鉴定机构、科研院所、高等院校和设计单位进行。

（6）抗震鉴定应以调整后的《中国地震动参数区划图》GB 18306—2015为依据进行。根据构筑物的特点，构筑物的地震破坏程度可划分为基本完好（含完好）、轻微破坏、中等破坏、严重破坏、垮塌五个等级。其划分标准如下：

1）基本完好：承重结构完好；个别非承重结构轻微破坏；附属构件有不同程度破坏。

2）轻微破坏：个别承重结构轻微裂缝；个别非承重结构明显破坏；附属构件有不同程度破坏。

3）中等破坏：多数承重结构轻微裂缝，部分明显裂缝；个别非承重结构严重破坏。

4）严重破坏：多数承重结构破坏或部分垮塌。

5）垮塌：多数承重结构垮塌。

（7）抗震鉴定完成后，鉴定单位应出具相应的鉴定报告和结论，并根据不符合鉴定要求的程度、部位对结构整体安全性和抗震性能影响的大小，结合使用功能、城市规划和加固难易等因素，通过技术经济比较，提出相应的维修、加固、改造或重建等抗震减灾对策。

（8）根据构筑物的破坏程度，可按表4-2采取相应的处理措施。

构筑物破坏程度及处理措施　　　　　　　　　　　　　　　表4-2

破坏程度	处理措施
基本完好	一般不需修理即可使用
轻微破坏	不需修理或需稍加修理，仍可继续使用
中等破坏	需一般修理，采取安全措施并经加固后方可使用
严重破坏	需大修或重建
垮塌	需拆除

（9）地震中遭到山体崩塌、滚石、泥石流等地质灾害损坏的厂站，应对其山崖采取削方、剥离、锚固、清理等技术措施，消除其威胁及影响。

（10）对局部损坏较严重的构（建）筑物原则上宜拆除受损部分并采用与原构（建）筑物相同的建筑材料和结构形式进行修复。

（11）对厂站中个别受损严重的构（建）筑物，可根据其受损严重程度采取局部修复或拆除重建等措施。

4.4.2 厂站系统破坏程度检查与评估

1. 厂站系统破坏程度评估

（1）厂站地貌改变或泥石流、崩塌等次生灾害使系统全部毁损而完全失去原厂站处理功能。

（2）地震烈度使构（建）筑物及设备彻底毁损而完全失去厂站的全部功能。

（3）构（建）筑物、处理设备、供电系统、管道系统不同程度受到破坏，暂时丧失或影响厂站原有功能，但经修复即可恢复和部分恢复厂站原有功能。

2. 供电系统的检查及评估

在地震后厂站内电气与自控系统损坏现象：

（1）在大地震发生时，由于上级电气系统受损或破坏，或者由于保护系统检测到异常，自动切除负荷，会发生大面积长时间停电，因而使厂站失去供电电源，导致无法运转。

（2）发生强烈地震时，导致厂站主要电气设备如主变压器、开关柜等设备主体出现位移、扭转、变形、倾倒、绝缘支柱断裂、裂纹等损害。

（3）由于地震时墙体的倒塌、顶棚跌落等造成电气设备设施损坏。

（4）地震造成部分电缆特别是控制电缆、信号电缆受损。

（5）现场控制箱、柜连接接头、端子松动、脱落，导致控制操作失灵、失效。

（6）部分检测仪表受损，失准、失效。

3. 机械设备的检查与评估

震后机械设备损坏主要表现在结构和功能上，对受损设备可以分成 4 类：

Ⅰ类：设备结构完好无损坏，只存在位移和位移过程中带来的紧固定位系统损坏而影响正常运行。

Ⅱ类：结构基本完好，只有小量变形和损伤，而未影响结构强度，经校正后即可投入正常运行。

Ⅲ类：结构受损，但经修补、加固后不影响正常使用或者基本恢复设备原有功能又可连续使用。

Ⅳ类：结构严重损坏，已无法使用，或修补后虽然可以勉强运转但严重影响原有功能和在运行中存在安全隐患。

4. 管道系统检查与评估

先对地面管道进行检查，再对地下管道进行检查。损坏管件为刚性结构性破坏时，应进行修补或更换；破坏为柔性位移性破坏时，一般经校正修复后即可恢复运行。

管道检查包括管路上的联络设备（如阀门）、支墩及与各构（建）筑物之间的连接处。内容如下：阀门有无漏水和破裂、支墩是否有效，与构（建）筑物连接处有无松动、渗漏或脱落。

管道的破坏除直接被砸损破坏外，主要是位移造成的损坏，地下管道由于受地下土壤周边的约束，所以通常较地面管道破坏轻微。

5. 化验、检测与仪表设备的检查与评估

（1）化验设备一般由玻璃器皿为主组成，地震的直接外力机械性破坏，造成化验设备严重损坏。

（2）地震的外力机械性破坏同样造成精密检测仪器严重破坏，破坏程度从影响测量精度到完全不能使用。

（3）在线仪表除外力机械性破坏外，尚存在由外电源失电、短路等所造成的破坏，所以损坏面很大。

4.4.3 构（建）筑物修复和加固

1. 建筑物修复和加固方法

建筑物修复和加固可以参考《地震灾后建筑修复加固与重建技术手册》中的相关内容进行。

2. 构筑物修复和加固方法

本节所称构筑物指厂站中的各种水池、泵房和井类。地震后经检查评估属轻微破坏、中等破坏或虽属严重破坏但具有修复和加固价值的构筑物可按下列方法进行修复和加固：

（1）对在地震中受坍塌土体挤压或由于地面变形等原因引起倾斜且具有修复价值的构筑物，可采取掏土、射水、降水等技术措施进行纠偏复位，设计、施工应遵照《建筑物移位纠倾增层改造技术规范》CECS 225—2007 的有关规定。

（2）对厂站中个别受损严重的构筑物，可根据其受损严重程度采取局部修复或拆除重建等措施。

（3）对局部损坏严重的构筑物原则上宜拆除受损部分并采用与原构筑物相同的建筑材

料和结构形式进行修复：

1）局部受损构筑物，可将受损部分凿去，将创面刷洗干净，充分润湿但无积水，浇筑新混凝土前在创面上刷一层水泥素浆，再用比原混凝土强度等级高一级的微膨胀混凝土灌筑，加强养护不少于14d；

2）受损严重的构件，应拆除重新布筋浇筑，个别被拉断的钢筋可采用焊接或植筋予以补充和加强。

（4）对基本完好或局部轻微损坏或出现中等破坏的构筑物可采取下列针对性技术措施，加固方法和实施要点可参照《地震灾后建筑修复加固与重建技术手册》的相关部分：

1）构筑物的底板、壁板、梁、柱上的细小裂缝对构件的耐久性有影响时，可采取化学灌浆进行修复，以增强混凝土的整体性，防止钢筋锈蚀；

2）构筑物主要受力构件上出现结构性裂缝，对构筑物或构件承载力有影响时，可通过粘贴钢板或粘贴碳纤维复合材料等补强措施进行加固处理；

3）化学注浆、粘贴碳纤维复合材料、粘贴钢板必须由专业施工队伍施工。

（5）构筑物中的非承重墙受到破坏的，可视破坏轻重程度分别对待：

1）破坏较轻，仅出现少量裂缝，不影响墙体稳定的，可仅对裂缝采取注浆等方法进行修补。

2）破坏较重，裂缝较多，但不影响墙体稳定的，可采用面层加固砖墙体法或加钢筋砂浆墙垛等措施进行加固或采用局部拆除重砌等措施。

3）对破坏严重，裂缝较多，影响墙体稳定的，须拆除重新砌筑。与承重构件间拉结筋断裂或原无拉结筋的，需通过植筋等措施加强墙体与承重构件间的连接。不同材料的墙体，应根据其长度、高度、厚度等不同情况分别按各自的规范或标准图要求在墙内设置构造柱、拉结筋、墙带以及墙顶的稳定构造措施。

4）地震中，非承重墙体（如构筑物内的导流墙等）局部倒塌的，应重新砌筑，并在墙内设置构造柱及在顶部设置拉梁等必要的稳定构件。

4.4.4 机电设备的修复和更换

设备的修（恢）复和更换，首先应能尽快地在第一时间满足城、镇（乡）污水处理的基本要求，然后再按进度需要进行完善。

1. 电气系统的修复、加固与更换

（1）在电气系统恢复运行前，应首先对变配电站、配电室等建筑物受损情况进行评估，以确定建（构）筑物能否继续使用或经修复加固后继续使用。

（2）震后恢复污水处理功能、设备抢修、检修等都需要对厂站快速恢复供电。如果地震对外部电网的损害不大，应尽量争取使用原供电网络进行供电。如原供电网络不能满足供电要求，应尽快采用临时措施，如寻求第二电源、临时电源或采用柴油发电机组应急供电，力求尽快对厂站恢复供电。

（3）变压器的震后修复。变压器作为厂站电气系统的主要元件其震害表现一般为位移、扭转、脱落轨道、倾倒、顶部绝缘瓷瓶破坏、散热器或外壳受损等，震后应对变压器受损程度进行检查，对受损部位进行修复、更换。震后的变压器须进行电气性能检测，对通过检测可继续使用的变压器要进行复位、基础修复处理。

（4）开关柜设备的震后修复。开关柜设备由于外壳的保护作用，如果没有大质量的建筑构件和坠落物的撞击，一般不会受到太大的损害，但可能出现基础断裂、移位、变形、连接电缆松动、脱落等损害。修复时须清理建筑碎块，检查设备受损状况，检查柜内电气元件受损情况，对设备进行复位，检查和紧固连接缆线，对受损的电气元件进行修复和更换，检查工作接地和安全接地系统是否良好，做必要的电气性能检测。

（5）厂站内配电电缆线路、控制电缆线路的震后修复。厂站电缆线路的震害表现一般为电缆沟、电缆托盘托架的垮塌、变形、脱落，电缆绝缘层的损害，电缆与设备接头松动、脱落等。修复时须对电缆线路沿线进行检查，对电缆与设备的接头进行检查、加固，对损害不能继续使用的电缆进行更换。

（6）厂站内检测仪表的震后修复。污水处理厂内通常设有一些流量、压力、液位、pH 值、DO、ORP 等现场检测仪表。地震发生时这些检测仪表可能受到损坏或损害，一般表现为仪表支撑体松动、脱落，仪表连接电缆脱落、断线，仪表失准、失灵等。修复时须对仪表安装状况进行检查、复位，对电气、管道连接进行检查，对仪表进行校准。对受损不能继续使用的仪表进行更换。

2. 机械设备的修复、加固与更换

对于受损程度为Ⅰ、Ⅱ类的设备只需按原样正位固定和作少量修理后即可投入运行；对于Ⅲ类设备应进行认真修补，确保基本上达到设备的原有功能后投入运行，以后可根据具体情况决定更换与否；对于Ⅳ类设备原则上不能使用，立即更换或用相似设备暂时取代。如设备暂时无法更换需带病运行的应在严格的监测下运行并从速更换。

3. 管道系统的修复与更换

（1）管道之间的连接处应进行修复，防止渗漏。

（2）管道本身的破坏根据破坏程度首先作针对性的修补或更换，震情稳定以后再进行完善。

（3）管道与构筑物连接处进行止漏、稳（固）定。

（4）管道位移处进行复位、固定。

（5）管线上受损阀门进行修复或更换。

（6）修复或更换管道上必要的基本仪表，如压力表和流量计等以确保满足城、镇（乡）排水系统的基本要求。

4. 化验设备与仪表的恢复

根据损坏程度编制修理和购置清单。应首先满足污水处理过程中最基本的设备和仪表。

5. 修复加固期内防止污水污染环境的对策与措施

（1）当处理后污水不能满足受纳水体环境的最低要求时，应采用临时手段予以解决，一般可首选投加药剂的加强一级处理方法。

（2）根据震后污水量情况调整处理系统运行工况。

（3）应根据环境允许的容量条件，编制处理系统的构（建）筑物修复和加固计划。任何一种处理设施如有一座以上损坏时，不应同时进行修复和加固，应轮流修复和加固。在轮流修复和加固期间，由于其负荷增加需对其加强监测和管理。

（4）对正在修复和加固的处理构筑物的前后处理设施应加强监测和管理。

（5）加强消毒过程管理

1）处理后的污水排放前必须进行加强消毒并严密监测。

2）在疫病发生期内应配合卫生和防疫部门，进行针对性药物消毒。

3）增加污泥消毒处理。消毒剂首选石灰，也可采用其他药剂。

（6）加强污泥贮存和运输管理，并应有人专管，禁止污泥乱堆乱放，防止二次污染。

（7）化验、检测设备和仪表受损时必须加强人工检测，并及时更换和购置有关设备或借助相关部门的设备能力。

（8）在外电源未恢复供电时，利用时间对厂站内的设备进行全面检查和修复，为电源最短时间恢复厂站污水处理准备条件。

4.4.5 厂站的重建

1. 重建原则

以下情况需进行重建：

（1）地震中被毁城镇需整体移址重建时，厂站系统随之移址重建。

（2）地震中因地貌变化或被次生灾害所毁被埋，使构（建）筑物全部破坏或虽然部分破坏，但存在致命的安全隐患时，需移址重建。

（3）由于地震烈度大于设计时考虑的烈度或其他原因造成构（建）物全面破坏，但经有关鉴定机构鉴定认可地质条件许可建设厂站时可进行原地重建。

（4）单体构（建）筑物严重破坏，无法修复，或加固成本经比较不经济时，应对该构（建）筑物进行单体重建。

（5）厂站重建必须满足所在地调整后的地震烈度的抗震要求和规划，并必须按照有关规程、规范及建设程序进行。

2. 重建技术

（1）本节中的厂站包括污水处理厂、污水泵站、雨水泵站及合流污水泵站内各种构筑物及辅助建筑物。

（2）重建应贯彻"小震不坏、中震可修、大震不倒"的抗震设计方针。

（3）厂站选址应满足下列条件：

1）避开地震断裂带，选择对抗震有利的地质、地形、地貌的地段；

2）不受滑坡、危岩、泥石流等地质灾害的地段；

3）历史上最大地震破坏烈度不超过9度的地段；

4）不受洪水淹没、冲刷的地段；

5）经地质勘察适宜建筑的地段。

（4）建筑设计应力求形体简单、整齐，避免复杂平面、长悬挑、宽门脸、高女儿墙、高塔楼等不利抗震的建筑造型。

（5）结构设计应慎用底框结构；建筑物纵横向应适量、对称设置抗侧力构件；注重"强柱弱梁、强剪弱弯、更强节点"的设计理念。

（6）厂站内各构（建）筑物应采用表4-3所列的结构形式。

构（建）筑物结构形式 表 4-3

项目	子项	结构形式	备注
污水处理厂(站)及排水泵站	污水提升泵房	下部钢筋混凝土结构，上部框架结构	底板、壁板、柱、梁、板全现浇
	雨水提升泵房		
	沉砂池	钢筋混凝土结构	整体现浇
	初淀池		
	二淀池		
	曝气池		
	生化池		
	滤池		
	污泥浓缩池		
	污泥消化池		
	污泥泵房	框架结构	整体现浇
	污泥脱水机房		
	污泥堆棚		
	配电室		
	管理综合楼		
	机修、仓库	框架或砖混	框架现浇（注）
	食堂、值班宿舍		
	门卫室		
	围墙	砖墙加配筋扶壁柱和压顶	扶壁柱间距 3.0～3.6m

注：1. 当采用砖混结构时，±0.00 以下采用 M10 水泥砂浆砌 MU10 实心页岩砖，±0.00 以上采用 M7.5 混合砂浆砌 MU10 实心页岩砖；
2. 按规范设置的 DQL、GZ、GL、QL 及屋盖梁、板采用全现浇结构；
3. 所用石料强度等级不得低于 MU30。

（7）厂站重建应按国家、地方的现行规范和标准执行。

（8）厂站的设计、施工图审查、施工及监理各环节的实施程序均应按国家的相关规定执行。

4.5 排放口修复与重建技术

4.5.1 抗震鉴定

（1）地震后首先应进行应急危险度评估。应急危险度评估主要依靠技术人员的经验以及简单的测试工具和仪器，短时间内对排放口进行快速的危险度评价，初步评定破坏程度，满足震后对排放口的快速评定要求。

（2）对应急评估判定为危险和警告的排放口，应进行抗震鉴定，抗震鉴定应按《建筑抗震鉴定标准》GB 50023—2009、《构筑物抗震鉴定标准》GB 50117—2014 执行，并应符合《室外给水排水和燃气热力工程抗震设计规范》GB 50032—2003 的规定。

（3）抗震鉴定主要检查排放口和排水管沿线的场地和地基情况、排放口的整体布置、穿管处堤岸结构及防渗、管材和接口等是否符合现行抗震设计规范。

（4）抗震鉴定应按 4.1.1 第 6 条实施。

（5）抗震鉴定完成后，鉴定单位应按 4.1.1 第 7 条的内容出具鉴定报告和结论，提出抗震减灾对策。

（6）根据破坏程度，可按表 4-2 采取相应的处理措施。

4.5.2 修复和加固方法

（1）排放口工程设施包括污水排放口、雨水排放口以及排放管需穿越的堤岸等相关工程。

（2）排放口工程为城市重要基础设施，修复、加固应按设防烈度提高 1 度采取构造措施。工程修复、加固应符合《水电工程水工建筑物抗震设计规范》NB 35047—2015 和《室外给水排水和燃气热力工程抗震设计规范》GB 50032—2003 的规定。

（3）排放口发生泥石流、泥沙堵塞时，应首先清掏排放口影响范围内的受纳水体，保证排水能及时、顺畅地排除。

（4）混凝土结构震损排放口出现细小裂缝时，应采用压力注浆修补，注浆材料可采用环氧树脂类液剂。混凝土结构出现较大裂缝时，可视裂缝的宽度，采用微膨胀细石混凝土或混凝土灌缝，并在混凝土中掺加早强剂。

（5）混凝土结构震损排放口发生局部塌落或破损时，应采用比原设计高一个等级的混凝土浇筑修补。用于修补的混凝土应具有微膨胀性，并掺加早强剂。修补时应先将原结构表面凿毛，对于素混凝土支承结构，还应先进行植筋，保证新浇混凝土与原结构连接可靠。

（6）震损排放口结构发生倾斜时，应采取可靠措施进行纠倾，纠倾施工应参照《建筑物移位纠倾增层改造技术规范》CECS 225—2007 执行。

（7）震损排放口为砌体结构时，对震害较轻的部位，采用水泥砂浆进行灌缝等修补，对破坏较严重和严重的部位，进行局部拆除，重新砌筑修复。修复的标准应不低于原设计的要求，水泥砂浆的强度宜比原设计提高一个等级。

（8）排水管穿越堤岸时应保证堤岸的安全和满足防渗的要求。震后穿越处的堤岸发生损坏时，应立即在堤岸临水侧进行围堰和排水，避免发生管涌和更大的次生灾害，然后抢修堤岸。堤岸加固、修复应按《堤防工程设计规范》GB 50286—2013 执行，加强防渗处理，并符合《水电工程水工建筑物抗震设计规范》NB 35047—2015 的规定。

（9）排放口的管道修复、加固技术措施按 4.3.3 的内容实施。

4.5.3 重建技术

（1）排放口位置、形式和出口流速，应根据受纳水体的水质要求、水体的流量、水位变化幅度、水流方向、波浪状况、稀释自净能力、地形变迁和气候特征等因素确定，并要取得当地卫生主管部门和航运部门的同意。

（2）排放口的工程场地应选择在对抗震有利的地段，避开地震时可能发生崩塌、滑坡、泥石流和震陷等对抗震不利和危险的地段。排放口的位置不宜设在大于 9 度的设防烈度区。

(3) 排放口工程为城市重要基础设施，并且修复、加固较为困难，排放口工程的抗震设防类别应为乙类。

(4) 排放口应采取防冲刷、消能、加固等措施，并视需要设置标志。

(5) 排放口形式

1) 污水排放口：为使污水与河水较好混合，同时为避免污水沿滩漫流污染环境，污水排放口一般采用淹没式。

2) 雨水排放口：为防止河水倒灌，雨水排放口一般采用非淹没式；当排放口标高高于水体水面很多时，应设单级或多级跌水设施消能，以防止冲刷。

(6) 排放口工程的重建应严格按照《堤防工程设计规范》GB 50286—2013执行，并符合《水电工程水工建筑物抗震设计规范》NB 35047—2015和《室外给水排水和燃气热力工程抗震设计规范》GB 50032—2003的规定。

(7) 排放口的地基持力层应稳定密实，并满足抗冲刷的要求。排放口宜采用混凝土或钢筋混凝土结构。

(8) 排放口排水管穿越堤岸处应采用柔性连接。

(9) 排放口的设计、施工尚应符合国家现行有关规范、标准、技术规程的规定。

4.6 国外借鉴：日本阪神—淡路地震排水系统震后恢复实例

日本阪神—淡路7.3级大地震给以大阪神户地区为中心的广大范围内的污水处理厂、管渠等的排水管道造成了很大的灾害。排水管道受灾，与电力、天然气、给水管道等生命线系统不同，即使管渠受到一些损坏，还是可以排水。由于停水使排水量减少，即使不经污水处理厂处理也可以排出，所以使问题立即严重化的情况较少。但是，随着给水管道的恢复以及城市活动和生活正常化，排水量就会增加，所以在地震之后应立即采取各种应急措施，尽早恢复下水道的处理功能。

4.6.1 污水处理厂的应急及恢复

此次地震中，兵库县、大阪府以及京都府的102个污水处理厂中有43个厂受灾。表4-4列举的兵库县8个污水处理厂受灾情况特别严重，影响到了其处理能力。

兵库县的8个污水处理厂受灾情况　　　　　　　　表4-4

地名	设施名称	日处理能力(万 m^3/d)	服务区人口(万人)	主要震害
神户市	东滩处理厂	22.50	34.60	1. 穿越运河导管破损 2. 流入管道断裂 3. 水处理设施损坏 4. 办公楼倾斜 5. 管廊浸水
	中部处理厂	7.70	12.80	水处理设施损坏
	西部处理厂	16.15	26.40	地下泵房浸水

续表

地名	设施名称	日处理能力(万 m³/d)	服务区人口(万人)	主要震害
西宫市	枝川净化中心	12.60	17.40	1. 流出渠破损 2. 沉砂搅拌机损伤 3. 消化池损伤
尼崎市	东部第一净化中心	7.90	5.00	污泥搅拌机损伤
	东部第二净化中心	82.40	5.20	终沉池送水管破损
芦屋市	芦屋污水处理厂	5.12	8.40	1. 厂内送水管破损 2. 出口破损
兵库县	武库川上游净化中心	7.10	12.40	污泥搅拌机破损

其中受灾最严重的是建造于填土地基上的东滩处理厂。该厂为神户最大的污水处理设施，处理能力为22.5万 m³/d，当时流入的污水量为7万～8万 m³/d，服务区人口34.6万人。虽然曝气池、电器及机械设备的破坏较轻，但管道和附属构筑物破坏较重，导致污水处理厂长时间不能运行。在处理厂内，由于地基下沉，面向处理厂的尼崎运河护堤，多处发生了2～3m的滑动以及1m左右的下沉，处理厂内管道很多都遭到损坏。刚开始是初沉池的进水管接口处有4处断裂，水处理设施池体的接口处等渗漏，污泥浓缩池、消化池周围的配管折损等，设施和管道的连接部分出现多处受损。此外，初沉池的进水管道开裂，初沉池刮泥机的链条脱离等，致使东滩处理厂完全丧失了处理功能。

震后初期只做杀菌处理后就排放，之后考虑到给水管恢复后生活用水的流量增加，所以将宽30m的尼崎运河用H形的钢板桩隔开，改造成长达160m的临时沉淀池，实施沉淀处理。该临时工程于1995年1月21日开始，2月7日完成，之后就开始了简易的沉淀处理，于3月20日开始絮凝沉淀处理，3月27日开始运河的疏通和污泥脱水处理。5月1日开始高级处理。随着污水量的增加及气温的上升，将出现恶臭及导致海洋污染，考虑采取其他措施，于9月7日撤除了河道上的临时设施。

4.6.2 排水管渠以及检查井的受灾和灾害对策

污水干线的填埋深度大，给处理能力造成影响的灾害比较少。调查的32条干线共83.9km中有27条干线共4.5km受损。由于神户高速铁路大开站的崩塌而使滨崎污水干线和深江水管桥内的管道受损，在凹陷处设置了旁道管。另外，在土砂堵塞的生田低区干线，暂时向还在施工中的共同沟排水。受破坏程度严重的茸合滩污水干线，使用金属板进行修补。

雨水干管（渠）受损长达6.3km，如把需要改造的地方称为严重破坏，需用灰浆等进行轻微修补的称为轻微破坏，则管渠有562处严重破坏、451处轻微破坏，检查井有194处严重破坏、938处轻微破坏。到1995年5月末为止进行的应急修复中，堵塞50件，损伤354件，泥砂堆积13件，共计417件。此外，东滩处理区决定利用受灾恢复，推进雨污分流，将合流管作为雨水管使用。

承插管震害大部分是接头被拉脱，采用的是将拔脱部分再压回去的方法；对破损的管道，是将破损的部分切断换上新管；此外，对开裂部分还采用包敷的方法。

4.6.3 排水设备的受灾和灾害应对

排水设备原本是由个人进行修缮的,但由于市民的咨询蜂拥而至,因此在神户市管工事业协同联盟设置了专业人士介绍和咨询的窗口。截至 1995 年 5 月底,共受理了 5023 件。神户市管工事业协同联盟、排水局、工作人员直接受理的总计 14464 件,多为排水管的破损和卫生间的堵塞。另外,神户市管工事业协同联盟在对给水供水装置进行应急恢复的时候,同时检查了排水设备。24 名工作人员共对 1639 户进行了检查,受理管道 55 处,共对 121 处作了应急修复。

第5章 燃气工程

5.1 技术总则

5.1.1 基本原则

（1）城市燃气系统灾后重建的系列工程包括：震时（强余震）紧急控制技术措施、震后快速修复应急供气、修复重建和用户端灾后供气，每个工程都要根据当时当地的条件和需求采取针对性措施。

（2）在震时（强余震）阶段，地震阶段和通信中断情况不明，应采取应急控制措施，以迅速控制、减轻燃气设施损坏后所产生的次生火灾爆炸灾害。从地震灾区现有技术条件而言，采用从气源方向切断燃气来源，有组织地放空压力容器、设备、管道中的燃气，从而截断向下游管道的供气。

（3）震后的快速修复、应急供气应在应急评估的基础上进行，确定无重大安全隐患的前提下，整个系统应降压使用或局部快速修复后降压使用，待鉴定后确定是否恢复正常供气或修复，同时快速修复各类各级场站。

（4）震后的修复重建应对燃气设施（场、站、管道路由）进行地质灾害评估，确定燃气设施的地质安全性，作出场站迁址重建、原址恢复重建和管道改线、原管位恢复的结论。对于具有严重地质灾害性场地，场站应迁址重建，管道应改线。

（5）用户端的灾后供气中，应急评估是应急供气的基本要求，抗震鉴定是恢复供气的前提。按照工业用户、商业用户和居民用户来区分各用户端的不同情况和需求。

5.1.2 规范和标准

1. 修复加固、重建设计施工主要规范

《城镇燃气设计规范》GB 50028
《输气管道工程设计规范》GB 50251
《汽车加油加气站设计与施工规范》GB 50156（2014年版）
《城镇燃气输配工程施工及验收规范》CJJ 33
《油气长输管道工程施工及验收规范》GB 50369
《城镇燃气室内工程施工与质量验收规范》CJJ 94
《建筑设计防火规范》GB 50016
《火灾自动报警系统设计规范》GB 50116
《建筑灭火器配置设计规范》GB 50140
《工业企业噪声控制设计规范》GB/T 50087

《爆炸危险环境电力装置设计规范》GB 50058
《建筑物防雷设计规范》GB 50057
《供配电系统设计规范》GB 50052
《建筑照明设计标准》GB 50034
《危险化学品重大危险源辨识》GB 18218
《低压配电设计规范》GB 50054
《化工企业静电接地设计规程》HG/T 20675
《车用压缩天然气》GB 18047
《汽车加气站用天然气压缩机》JB/T 10298
《石油化工可燃气体和有毒气体检测报警设计规范》GB 50493
《生产经营单位生产安全事故应急预案编制导则》GB/T 29639
《汽车运输、装卸危险货物作业规程》JT 618
《建筑地基基础设计规范》GB 50007
《混凝土结构设计规范》GB 50010（2015年版）
《建筑结构荷载规范》GB 50009
《砌体结构设计规范》GB 50003
除上述规范外还应遵循国家和地方现行的相关技术规范、规程和标准。

2. 主要抗震设计规范

《室外给水排水和燃气热力工程抗震设计规范》GB 50032
《建筑抗震设计规范》GB 50011
《建筑抗震加固技术规程》JGJ 116
《混凝土结构加固设计规范》GB 50367
《构筑物抗震设计规范》GB 50191
《建筑物移位纠倾增层改造技术规范》CECS 225

5.2 震时（强余震）紧急控制技术措施

5.2.1 应急控制的目的与原则

1. 应急控制的目的

应急控制的目的是在地震阶段和通信中断情况不明时段，迅速控制、减轻燃气设施损坏后所产生的次生火灾爆炸灾害。

2. 应急控制的基本原则

从地震灾区现有技术条件而言，采用从气源方向切断燃气来源，有组织地放空压力容器、设备、管道中的燃气，从而截断向下游管道的供气。

5.2.2 场站系统紧急控制基本技术措施

1. 首站（门站）

（1）工艺系统

紧急关闭：按下紧急按钮，关断进站电动阀，然后关闭手动进站阀；无电动阀门设置的场站，手动关闭进站阀门。

安全放散：开启配管区各级紧急放空阀门，包括出站管路放空阀。

(2) 电气系统

紧急关断：紧急关断进站总电源和备用电源。

2. 天然气贮配站

(1) 工艺系统

紧急关闭：按下紧急按钮，关断进站电动阀，然后关闭手动进站阀；无电动阀门设置的场站，手动关闭进站阀门；有增压压缩机装置的贮配站，按下紧急按钮，压缩机紧急停车，关断进气紧急切断电动阀；无紧急切断电动阀的压缩装置区，手动关闭压缩机进气阀门。

安全放散：开启各级配管区紧急放空阀门，包括出站管路放空阀；有升压压缩机装置的贮配站，开启压缩装置区各压力容器、管段的紧急放空阀门；开启贮罐放空阀门。

(2) 电气系统

紧急关断：紧急关断变配电室中除消防系统外的其他回路的电源和备用电源。

3. 调压站

(1) 工艺系统

1) 有人值守调压站

紧急关闭：按下紧急按钮，关断进站电动阀，然后关闭手动进站阀；无电动阀门设置的场站，手动关闭进站阀门。

安全放散：开启配管区各级紧急放空阀门，包括出站管路放空阀。

2) 无人值守调压站：须远程操作或按应急预案派人操作。

(2) 电气系统

电气系统紧急关断：紧急关断进站总电源和备用电源。

4. 液化石油气贮配站（灌瓶站）

(1) 工艺系统

紧急关闭：按下紧急停车按钮，停止所有运转机械；启动站用紧急关断系统（油压、气压），关闭液化石油气贮罐所有进出管路上的紧急切断阀，并手动关闭贮罐所有进出阀门。

启动车用紧急切断系统，关闭液化石油气运输罐车所有进出管路上的紧急切断阀，并手动关闭罐车所有进出阀门。

(2) 电气系统

紧急关断：紧急关断变配电室中除消防系统以外的其他回路的电源和备用电源。

5. CNG 加气站

(1) 工艺系统

紧急关闭：按下紧急按钮，停止所有运转机械，关闭进站紧急切断阀，关闭贮气装置主管路出口紧急切断阀（无紧急按钮的必须手动关闭），并手动关闭进站手动阀门、进出贮气装置的手动阀门。

安全放散：开启各级紧急放空阀门，重点是压缩机后高压管路放空阀；开启贮气装置放空阀门。

(2) 电气系统

紧急关断：紧急关断进站总电源和备用电源。

5.2.3 燃气管道系统紧急控制技术措施

1. 长输管道

按应急预案迅速关闭各分段阀并开启阀室中的放空阀。

2. 城市管道

按应急预案关闭各分段阀、支管阀，关闭用户调压、计量箱柜进气阀，开启出口放空阀。

工业、商业用户：放散完毕后按应急预案关闭用户阀。

民用用户：放散完毕后按应急预案关断调压箱（站）进出阀门和楼幢阀门（或立管阀门）。

5.3 震后快速修复应急供气

5.3.1 快速修复应急供气基本原则

快速修复应急供气应在应急评估的基础上进行，本节主要论述供气系统场站管道的快速修复应急供气，关于用户端的快速修复应急供气将在5.4节论述。

1. 应急评价基本要求

(1) 供气设施应急评价

由城市燃气行业主管部门会同安全生产局、技术监督局组织燃气公司的专业技术人员或外援专家现场对场站、管网设施进行应急评价，按受损情况分为：降压供气、修复后降压供气、停止供气待鉴定。

(2) 应急评价的手段

场站采用直观判断，逐级升压检漏方式评估；管道采用巡线判断，分段分片逐级升压检漏方式评估；直观判断的重点在于地面管道与地下管道的交汇处，设备连接管道，法兰与管道、设备接口管的角焊缝。

2. 应急供气原则

应急供气是指震后不能及时对整个燃气系统作出全面鉴定，但又必须保证城市的基本用气需求的状态下，采取的一种应急措施。在应急评估的基础上，确定无重大安全隐患的前提下，整个系统应降压使用或局部快速修复后降压使用；待鉴定后确定是否恢复正常供气或修复。

(1) 不能间断用户供气

指如玻璃、冶炼等用户在第一时间应急供气。此类用户通常是专管供气，在供气设施应急评价、维修后可降压供气，其供气压力以保护设备最低用量为限。

(2) CNG用户优先供气

在供气设施应急评价、维修后可按生产设备进气压力下限供气，以保证灾后交通所需。

(3) 生活用气

要求安全第一，在供气设施分区域应急评价、维护后，逐步分区域降压供气。

(4) 其他生产用户用气

在供气设施鉴定维修后供气。

以上供气必须用户申请、双方约定时间、供气方人员到用户用气场所现场交接后方可供气。

3. 场站快速修复原则

(1) 首站、门站、卸气站、调压站

场站应急快速修复重点在于燃气设施、电气仪表的修复，保证在第一时间应急供气；对于建筑可待正式鉴定以后确定方案。

(2) 天然气贮配站、液化石油气贮配站（灌瓶站）

天然气贮配站：应急快速修复重点是燃气设施中配管区、电气仪表修复，以保证应急供气；其压缩机、贮气罐暂停使用，等待鉴定；建（构）筑物的修复可待正式鉴定后确定方案。

液化石油气贮配站：评估结果为可以使用时，将贮罐内液化石油气全部灌瓶后，停止使用；评估为不能使用时，应急快速修复仅指管道、电气，修复后将贮罐内液化石油气倒罐或外运后，停止使用。

(3) CNG 加气站

应急快速修复是指压缩机、脱水装置及高压管道的修复，修复后经技术监督部门检测合格后方可使用。

(4) 长输管道快速修复技术

长输管道在经分段试压、巡线、检漏、快速修复后，降压使用；待鉴定后确定是否正常使用或修复、重建。

(5) 城市燃气管道系统快速修复技术

城市燃气管道经分段试压或分区试压、巡线、检漏、快速修复后，降压使用；待鉴定后确定是否正常使用或修复、重建。

5.3.2 灾时响应

(1) 启动应急预案人员到位。

(2) 准确迅速按预案操作——切断气路、切断电源（消防电源除外）、放空压力容器与管道。

(3) 抢险预备队集合应对意外次生灾害。

5.3.3 应急评估与处置措施

1. 首站、门站、卸气站、调压站

(1) 土建

1) 应急评估范围：控制室、仪表室、值班室、配管区基础。

2) 应急评估结论分为：

基本完好、轻微损伤：可继续使用。

中度损坏：暂停使用，等待鉴定，停用。

严重损毁、垮塌：等待鉴定、停用。

（2）工艺系统

应急评估范围与结论见表5-1。

首站、门站、卸气站、调压站应急评估范围与结论　　　　表 5-1

名类	基本完好、轻微损伤	中度损坏	严重损毁	备注
地面管道	无沉降无变形	局部沉降,外力变形	整体曲扭,不均匀沉降	
压力容器	无变形无倾斜	无变形无损坏性倾斜	撕裂	
焊缝	无撕裂	局部撕裂	大量撕裂	
法兰螺栓	无变形无断裂	局部变形断裂	大量变形断裂	
螺纹接头	无变形无断裂	局部变形断裂	大量变形断裂	

（3）电气系统

应急评估结论分为：

基本完好、轻微损伤：可继续使用。

中度损坏：修复后使用。

严重损毁：更新后使用。

（4）结论与处置

结论与处置见表5-2。

首站、门站、卸气站、调压站应急评估结论与处置　　　　表 5-2

名类	基本完好、轻微损伤	中度损坏	严重损毁	备注
土建	使用	暂停使用	停用待正式鉴定	
工艺	使用	局部更换修复	抢修恢复(简化流程)	
电气	使用	暂停使用	停用	
处置	总体使用	工艺手动使用	恢复后工艺手动使用	

2. 天然气贮配站、液化石油气贮配站（灌瓶站）

（1）土建

应急评估范围：控制室、仪表室、值班室、压缩机房、消防水泵房、消防水池、配管区基础、贮罐基础。

应急评估结论分为：

基本完好、轻微损伤：可继续使用。

中度损坏：暂停使用，等待鉴定，停用。

严重损毁、垮塌：等待鉴定、停用。

（2）工艺系统

应急评估范围与结论见表5-3。

天然气贮配站、液化石油气贮配站（灌瓶站）应急评估范围与结论　　　表 5-3

名类	基本完好、轻微损伤	中度损坏	严重损毁	备注
地面管道	无沉降无变形	局部沉降，外力变形	整体曲扭，不均匀沉降	
压力容器	无变形无倾斜	无变形无损伤性倾斜	撕裂	
贮罐	无变形无倾斜 无沉降无位移	位移，无不均匀沉降	变形、倾斜、裂纹	
压缩机	无倾斜无沉降无位移	沉降、位移	倾斜	
管道焊缝	无撕裂	局部撕裂	大量撕裂	
法兰螺栓	无变形无断裂	局部变形断裂	大量变形断裂	
螺纹接头	无变形无断裂	局部变形断裂	大量变形断裂	

（3）电气系统

应急评估结论分为：

基本完好、轻微损伤：可继续使用（电缆绝缘与现场电器的防爆功能是评估重点）。

中度损坏：修复后使用。

严重损毁：更新后使用。

（4）结论与处置

天然气贮配站应急评估结论与处置见表 5-4。

天然气贮配站应急评估结论与处置　　　表 5-4

名类	基本完好、轻微损伤	中度损坏	严重损毁
土建	使用	暂停使用	停用待正式鉴定
工艺	配管区继续使用	配管区局部更换修复 压缩机贮罐停用	配管区抢修恢复 压缩机贮罐停用待正式鉴定
电气	使用	暂停使用待正式鉴定	停用待正式鉴定
处置	使用	工艺手动使用	简化流程恢复后工艺手动使用

液化石油气贮配站应急评估结论与处置见表 5-5。

液化石油气贮配站应急评估结论与处置　　　表 5-5

名类	基本完好、轻微损伤	中度损坏	严重损毁
处置	用完后暂停使用待鉴定	修复后倒罐或外运，停用待鉴定	外运后停用待鉴定

3. CNG 加气站

（1）土建

应急评估范围：控制室、仪表室、值班室、压缩机房、加气棚罩、压缩机基础、贮罐基础（用贮气井则无）。

应急评估结论分为：

基本完好、轻微损伤：可继续使用。

中度损坏：暂停使用，等待鉴定。

严重损毁、垮塌：停用，等待鉴定。

(2) 工艺系统

应急评估范围与结论见表5-6。

CNG加气站应急评估范围与结论 表5-6

名类	基本完好、轻微损伤	中度损坏	严重损毁	备注
低压管道	无沉降无变形	局部沉降,外力变形	整体曲扭,不均匀沉降	
高压管道	无曲扭变形	局部曲扭变形	整体曲扭	重点
压力容器	无变形无倾斜	无变形无损伤性倾斜	撕裂	
贮罐(贮气井)	无变形无倾斜无沉降无位移	位移、均匀沉降	变形、倾斜、裂纹	重点
压缩机	无倾斜无沉降无位移	沉降、均匀位移	倾斜	
管道焊缝	无撕裂	局部撕裂	大量撕裂	
法兰螺栓	无变形无断裂	局部变形断裂	大量变形断裂	
螺纹接头	无变形无断裂	局部变形断裂	大量变形断裂	

(3) 电气系统

应急评估结论分为:

基本完好、轻微损伤:可继续使用(电缆绝缘与现场电器的防爆功能是评估重点)。

中度损坏:修复后使用。

严重损毁:更新后使用。

(4) 结论与处置

应急评估结论与处置见表5-7。

CNG加气站应急评估结论与处置 表5-7

名类	基本完好、轻微损伤	中度损坏	严重损毁	备注
土建	使用	暂停使用	停用待正式鉴定	
工艺	使用	暂停使用	停用待正式鉴定(简化流程)	
电气	使用	修复后使用	停用待正式鉴定	
处置	总体使用	修复后使用	停用待正式鉴定	

结论中仅电气中度损坏可修复后使用,其余待正式鉴定后修复使用。

4. 燃气管道

(1) 长输管道

应急评估结论与处置见表5-8。

长输管道应急评估结论与处置 表5-8

名类	基本完好、轻微损伤	中度损坏	严重损毁	备注
线路	无滑坡塌方	局部滑坡塌方	大面积滑坡塌方	
分段阀	无损伤	连接变形	损毁	
管道焊缝	无撕裂	局部撕裂	撕裂	重点检查法兰角焊缝
法兰螺栓	无变形无断裂	局部变形断裂	大量变形断裂	
处置	使用	恢复后使用	更换后使用	

（2）城市管道应急鉴定

应急评估结论与处置见表5-9。

城市管道应急鉴定应急评估结论与处置　　　　表5-9

名类	基本完好、轻微损伤	中度损坏	严重损毁	备注
线路	无滑坡塌方、道路无大变形	局部滑坡塌方、道路明显裂缝	大面积滑坡塌方、道路明显损毁	
分段阀	无损伤	连接变形	损毁	
管道焊缝	无撕裂	局部撕裂	大量撕裂	重点检查法兰角焊缝
法兰螺栓	无变形无断裂	局部变形断裂	大量变形断裂	
处置	使用	恢复后使用	更换后使用	

5.3.4 快速修复基本技术措施与应急供气

1. 灾后迅速恢复应急供气

（1）对不能间断供气的单位优先供气，并提前通知用户；应在应急评估后降压供应，以最低维系设备用量为限（预案中必须备案）。

（2）在救灾期，对其他用户在供气设施应急评估后经用户申请并对用户用气设施应急评估后可恢复供气，供气压力以应急预案规定执行。

（3）在救灾期，对居民用户建筑用气设施应急评估后，经用户申请，可恢复供气。

2. 首站、门站、卸气站、调压站

基本技术措施与应急供气见表5-10。

首站、门站、卸气站、调压站基本技术措施与应急供气　　　　表5-10

名类	方法与措施
基本完好、轻微损伤	升压： 中压场站：使用天然气为介质，按4次均匀升压，每次稳压10min，观察、检漏，无泄漏继续升压至震前运行压力； 高压场站：使用天然气为介质，按每次0.50MPa升压(不少于4次)，每次稳压10min，观察、检漏，无泄漏继续升压至震前运行压力；稳压30min，观察、检漏； 运行：稳压后降压至震前运行压力2/3以下运行
中度损坏	修复：采用与原设计相同材质和型号的设备局部更换，更换后焊口100%采用射线探伤； 吹扫置换：介质空气，按《城镇燃气输配工程施工及验收规范》CJJ 33—2005执行；其中卸气站按《汽车加油加气站设计与施工规范》GB 50156—2012执行； 升压：同上； 运行：同上
严重损毁	复建：按简化流程复建。其设计、施工、吹扫置换、试压按《城镇燃气设计规范》GB 50028—2006、《城镇燃气输配工程施工及验收规范》CJJ 33—2005执行

3. 贮配站

基本技术措施与应急供气见表5-11。

贮配站基本技术措施与应急供气　　　　表 5-11

名类	方法与措施
基本完好、轻微损伤	升压:同表 5-10 中基本完好、轻微损伤
中度损坏	贮罐、压缩机停用待正式鉴定。 修复、吹扫置换:同表 5-10 中中度损坏
严重损毁	天然气贮配站贮罐、压缩机停用待正式鉴定,其配管区按简化流程复建。 液化石油气贮配站:管路系统修复后,宜采用烃泵倒罐或外运。 设计、施工、吹扫置换、试压按《城镇燃气设计规范》GB 50028—2006、《城镇燃气输配工程施工及验收规范》CJJ 33—2005 执行

4. CNG 加气站

基本技术措施与应急供气见表 5-12。

CNG 加气站基本技术措施与应急供气　　　　表 5-12

名类	方法与措施
基本完好、轻微损伤	高压管路释放应力: 轻微变形处连接、卸掉弯头、高压阀门、固定管卡重新组装,以消除地震产生的变形应力;同时检查紧急截断阀的可靠性。 升压: 压缩机前:使用天然气为介质,按 4 次均匀升压,每次稳压 10min,观察、检漏,无泄漏,继续升压至震前运行压力;稳压 30min,观察、检漏。 压缩机后:使用天然气为介质,按每次 2.50MPa 升压,每次稳压 10min,观察、检漏,无泄漏继续升压至震前运行压力;稳压 30min,观察、检漏。 运行: 稳压后降压至 23.00MPa 运行; 其设计、施工、吹扫置换、试压按《汽车加油加气站设计与施工规范》GB 50156—2012 执行; 地震后应急供气应严格监控 H_2S 的含量,严防超标
中度损坏	停用,等待鉴定后修复
严重损毁	停用,等待鉴定后重建

5. 长输管道

基本技术措施与应急供气见表 5-13。

长输管道基本技术措施与应急供气　　　　表 5-13

名类	方法与措施
基本完好、轻微损伤	升压: 使用天然气为介质,按每次 0.50MPa 升压(不少于 4 次),每次稳压 60min,无压降继续升压至震前运行压力;稳压 60min,无压降为合格。 运行: 稳压后降压至震前运行压力 2/3 以下运行。 检测: 在升压期与应急使用期沿线用移动式燃气检漏仪巡检;在升压期人员设备数量与管段长度有关
中度损坏	修复:采用与原设计相同材质和型号的设备局部更换,更换后焊口 100%采用射线探伤。 吹扫置换:介质空气,按《油气长输管道施工及验收规范》GB 50369—2014 执行。 升压:同上。 运行:同上。 检测:同上
严重损毁	复建:建应急管道。其设计、施工、吹扫置换、试压按《输气管道工程设计规范》GB 50251—2015、《油气长输管道施工及验收规范》GB 50369—2014 执行

6. 城市管道

基本技术措施与应急供气见表 5-14。

城市管道基本技术措施与应急供气 表 5-14

名类	方法与措施
基本完好、轻微损伤	分区分段升压：主干管分段，支管、小区管、庭院管分区；关闭每个分区、分段管的所有外流阀门加端头盲板，加压后关闭气源端阀门；无阀门的系统必须加设阀门，完善系统。 升压： 使用天然气为介质，按 4 次均匀升压，每次稳压 60min，无压降继续升压至震前运行压力；稳压 60min；无压降为合格。 运行： 稳压后降压至震前运行压力 2/3 以下运行。 检测： 在升压期与应急使用期沿线用移动式燃气检漏仪巡检；在升压期人员设备数量与管段长度有关
中度损坏	分区分段修复：采用与原设计相同材质和型号的设备局部更换，更换后焊口 100% 采用射线探伤。 吹扫置换：介质空气，按《城镇燃气输配工程施工及验收规范》CJJ 33—2005 执行。 升压：同上。 运行：同上。 检测：同上
严重损毁	复建：建应急管道。其设计、施工、吹扫置换、试压按《城镇燃气设计规范》GB 50028—2006、《城镇燃气输配工程施工及验收规范》CJJ 33—2005 执行

5.4 修复重建基本技术

5.4.1 地震灾后灾害评估

震后应对燃气设施（场、站、管道路由）进行地质灾害评估，确定燃气设施（场、站、管道路由）的地质安全性，作出场站迁址重建、原址恢复重建和管道改线、原管位恢复的结论。对于具有严重地质灾害性场地，场站应迁址重建，管道应改线。

（1）以地质灾害评估结论为依据，对位于灾害性地质场地的场站应依据城市总体规划和城市燃气专项规划调整迁建新址；在新站未建成运行前，原站继续应急运行。若场站由于城市地形限制无条件迁建，在修复重建的同时，必须对原址进行灾害性地质治理。

（2）以地质灾害评估结论为依据，对于通过灾害性地质地段的燃气管道应依据城市总体规划和城市燃气专项规划调整管道路由；在新建管道未投入运行前，原管道继续应急运行。若管道路由无法避免灾害性地质地段时，必须对管道采取必要的防护措施，并增加应急切断装置。

（3）灾害性地质治理必须由有资质、有经验的设计单位设计，由有资质、有经验、有实力的施工单位施工，由有资质、有经验的监理单位监理。

5.4.2 灾后重建基本原则

1. 地震灾后系统损害鉴定

对于原址恢复或重建的燃气设施进行损害鉴定，损害鉴定包括建筑结构、燃气系统、配套电气系统。

鉴定综合结论为继续使用、修复加固和重建。

2. 迁建场站选址

对于迁址重建场站的选址，必须符合当地城市重建总体规划和城市燃气专项规划；除满足《城镇燃气设计规范》GB 50028—2006 的选址要求外，还须避开滑坡、塌方、山体崩塌、滚石、泥石流、地基土液化等地质灾害地段；并由有资质的单位对场站选址作灾害地质评价；对于大型天然气和液化石油气贮配站的站址应作地震安全性评价。

3. 建（构）筑物抗震设计

（1）建（构）筑物修复加固与重建必须以现行的《中国地震动参数区划图》GB 18306—2015 规定的地震动参数值确定其设防烈度。

（2）对于 20 万人以上城镇和抗震设防烈度为 8 度、9 度的县及县级市的天然气和液化石油气贮配站，其主厂房、贮气罐、加压泵房、压缩机房、调度楼及相应的超高压和高压调压间、高压和次高压输配气管道等主要设施，抗震设防类别应划分为乙类。

4. 场站工艺电气功能要求

燃气工艺设施、电气控制设计除按《城镇燃气设计规范》GB 50028—2006 规定执行外，特别应具备应急措施所需功能——一体紧急按钮：紧急切断、紧急停车功能，并具有各级压力管道紧急放空功能。

5. 管道改线

城市燃气专项规划中的管网规划应避开或远离断层，同时要避开地震时可能发生崩塌、大面积滑坡、泥石流、地裂和错位的危险地段；当管道不可避免途经灾害地段时，必须作防害处理，并加设紧急截断装置；整个管网系统要求设计分段、分支、分区阀门。

6. 原管位修复与重建

原管位修复与重建要重点处理管道软土基础和滑坡、塌方地段，设计完善分段、分支、分区阀门。

7. 管网抗震性能评价与恢复重建规划

燃气管网恢复重建时需要进行网络层次的抗震可靠度分析与评估，通过对管网整体抗震性能进行可靠度评价，明确系统的抗震性能。如果抗震性能无法满足要求，有必要采用增加管线、增大管径的拓扑优化方法来重新规划设计，直到满足抗震要求为止。

8. 设计施工

修复与重建应由具有相应资质的设计单位进行修复、加固设计，并经施工图审查合格后方可实施；修复加固工程必须由具有相应资质的专业施工队伍施工。

9. 防灾原则

（1）设计是根本：设计单位必须具有相应资质并具有丰富的经验，除按《城镇燃气设计规范》GB 50028—2006 中规定的要求设计外，还应设计有完整的抗震防震应急功能，才能做到灾前预防、灾时应急响应、灾后迅速恢复。

（2）施工质量是保障：资质、资格齐备且有经验有实力的施工单位才能达到设计意图与目的，才能保证工程质量。

（3）防灾组织管理是手段：灾时有应急预案、有人员，防止二次灾害是目的。

（4）按预案执行应急阶段的措施、应急供气，按规范规定执行灾后重建，灾后生产不带隐患。

10. 灾前预防

（1）设计要求：灾害地质分析准确，技术处理得当；防震等级与防震措施落实；抗震应急功能完善。

（2）施工质量要求：按设计图纸施工，监理到位，验收手续完整。

（3）防止次生火灾、爆炸事故的设备齐备、功能正常。

（4）技术资料完整，防灾责任落实到部门、落实到人，防灾预案准确完整。

5.4.3 迁建场站技术

1. 站址选择

城市燃气系统场站选址必须符合当地城市重建总体规划和城市燃气专项规划，除满足《城镇燃气设计规范》GB 50028—2006 对场地选址的要求外，还要特别重视下列条件：

（1）避开地震断裂带，选择对抗震有利的地段；

（2）避开滑坡、危岩、泥石流等地质灾害的地段；

（3）不受洪水淹没、冲刷的地段；

（4）经地质勘察适宜建筑的地段；

（5）新址场地应作地质灾害评估（天然气贮配站、液化石油气贮配站、CNG 加气站、卸气站为重点对象）。

2. 建（构）筑物的抗震要求

（1）建（构）筑物设备基础修复与重建必须以现行《中国地震动参数区划图》GB 18306—2015 规定的地震动参数值确定其设防烈度。

（2）场站内各建（构）筑物推荐结构形式

首站、门站、调压站、卸气站建（构）筑物结构形式见表 5-15。

首站、门站、调压站、卸气站建（构）筑物结构形式　　表 5-15

项目	子项	结构	备注
首站、门站调压站、卸气站	仪表值班室	砌体结构	屋面板、板现浇，抗震设防烈度≥8度地区采用框架现浇
	站房	砌体结构	
	设备基础	混凝土	

天然气贮配站建（构）筑物结构形式见表 5-16。

天然气贮配站建（构）筑物结构形式　　表 5-16

项目	子项	结构形式	备注
天然气贮配站	消防水池	钢筋混凝土结构	屋面板、板现浇，抗震设防烈度≥8度地区采用框架现浇
	球罐基础		
	机修库房	框架结构	框架现浇
	压缩机房		
	消防泵房		
	站房	砌体结构	屋面板、板现浇，抗震设防烈度≥8度地区采用框架现浇

液化石油气贮配站建（构）筑物结构形式见表5-17。

液化石油气贮配站建（构）筑物结构形式　　　　表5-17

项目	子项	结构形式	备注
液化石油气贮配站	压缩机房	框架结构	框架现浇
	灌瓶间		
	消防泵房		
	机修、仓库		
	站房	砌体结构	屋面板、板现浇，抗震设防烈度≥8度地区采用框架现浇

CNG加气站建（构）筑物结构形式见表5-18。

CNG加气站建（构）筑物结构形式　　　　表5-18

项目	子项	结构形式	备注
CNG加气站	压缩机房	框架结构或轻钢	框架现浇
	控制室		
	站房	砌体结构	屋面板、板现浇，抗震设防烈度≥8度地区采用框架现浇
	加气岛棚罩	网架	

3. 工艺、电气系统应急功能设计

场站工艺系统功能设计除执行《城镇燃气设计规范》GB 50028—2006、《汽车加油加气站设计与施工规范》GB 50156—2012要求外还应增加灾害应急功能。

（1）首站、门站、调压站

增加进站电动截断阀门，各压力级制的手动放空阀；电动截断阀门在仪表值班室便捷处设应急关断按钮。

（2）天然气贮配站

增加进站电动截断阀门，各压力级制的手动放空阀，球罐进出口管电动截断阀门、电动放空阀门（或在便于人操作位置设手动放空阀门）。

在仪表值班室便捷处设计应急功能按钮，联动操作电动阀门的开闭、压缩机的紧急停车。

（3）液化石油气贮配站

重点强调《城镇燃气设计规范》GB 50028—2006规定的贮罐紧急截断阀、装卸车柱软管拉断阀；紧急截断阀可用油路或气路控制。

在仪表值班室便捷处设计应急功能按钮，联动操作紧急截断阀门气路阀的开闭及压缩机、烃泵的紧急停车。

（4）CNG加气站

重视进站电动紧急截断阀、贮气装置出口紧急截断阀的设置，强调加气机软管拉断阀、CNG高压管道的放空阀；建议贮气装置采用贮气井。

在压缩机控制室设计应急功能按钮，联动进站紧急截断阀、贮气装置出口紧急截断阀与压缩机紧急停车。

5.4.4 场站原址修复与重建

1. 抗震鉴定

(1) 建筑抗震鉴定

抗震鉴定应以现行的《中国地震动参数区划图》GB 18306—2015 为依据。根据构筑物的特点，构筑物的地震破坏程度可划分为基本完好（含完好）、轻微破坏、中等破坏、严重破坏、垮塌五个等级。

1) 抗震鉴定完成后，鉴定单位应出具相应的鉴定报告和结论，并根据不符合鉴定要求的程度、部位对结构整体安全性和抗震性能影响的大小，结合使用功能、城市规划和加固难易等因素，通过技术经济比较，提出相应的维修、加固、改造或重建等抗震减灾对策。

2) 根据构筑物的破坏程度，可按表 5-19 采取相应的处理措施。

构筑物处理措施　　　　　　　　　　　　　　　表 5-19

破坏程度	处理措施
基本完好	一般不需修理即可使用
轻微破坏	不需修理或稍加修理，仍可继续使用
中等破坏	需一般修理，采取安全措施并经加固后方可使用
严重破坏	需大修或拆除重建
垮塌	需拆除重建

(2) 工艺装置抗震鉴定

场站工艺装置主要内容有：管道、阀门、调压器、压缩机、过滤器、汇管、分离器、缓冲罐、贮气罐、贮气井等。其中过滤器、汇管、分离器、缓冲罐、贮气罐、CNG 贮气装置均属压力容器。

1) 压力容器类：调压器、过滤器、汇管、分离器、缓冲罐、贮气罐请有资质的专业队伍（锅检所或有资质的生产厂商）进行检测鉴定。鉴定结论分为：继续使用、修补后使用、修补后降压使用、损毁。由于会影响使用功能，压力容器一般不建议修补后降压使用，而建议专业设备由生产厂家修复。

2) 管道：天然气管道属压力管道，属受检类管道；应请有资质的专业队伍（锅检所）进行检测鉴定。外观受损的管道应更换，管道检测鉴定的重点为连接焊缝的鉴定。鉴定结论分为：使用、修复、拆除重建。修复主要是局部更换。

3) 压缩机：作为专业设备，应由生产厂家现场检测鉴定。结论分为：使用、现场修复使用、运厂大修。建议专业设备由生产厂家修复。

4) CNG 贮气装置通常有贮气瓶组、贮气罐、贮气井，均属高压压力容器；若本体受损，不得再使用；修复仅限于接口损伤。检测应请有资质的专业队伍（锅检所或原生产厂商）进行检测鉴定。

(3) 电气装置抗震鉴定

1) 电力进线系统由供电单位鉴定。

2) 电气设备鉴定主要内容为：主变压器、开关柜等设备，重点观察主体的位移、扭转、变形、倾倒、绝缘支柱断裂、裂纹等损害。

3）直观判断地震时墙体倒塌、顶棚跌落等造成电气设备设施损坏情况。
4）检查电缆受损情况。
5）检查现场控制箱、柜连接接头、端子松动、脱落，导致控制操作失灵、失效，重点检查电气设备的防爆功能。
6）检测仪表受损、失准、失效。

2. 修复

（1）建（构）筑物修复

建（构）筑物修复必须以现行《中国地震动参数区划图》GB 18306—2015 中规定的地震动参数值确定其设防烈度。

1）对局部损坏较严重的建（构）筑物原则上宜拆除受损部分并采用与原建（构）筑物相同的建筑材料和结构形式进行修复。

2）对局部损坏较轻微的建（构）筑物可采取低压注浆、帮扶、拉结、粘贴等针对性技术措施。

3）建（构）筑物的壁板、梁、柱上的细小裂缝对构件的耐久性有影响时，可注压化学浆液进行封闭，以防钢筋锈蚀。

4）建（构）筑物主要受力构件上出现结构性裂缝，对构件承载力有影响时，可通过粘贴碳纤维复合材料、粘贴钢板等补强措施进行加固处理。

5）建（构）筑物个别受力构件受损严重的，可拆除重新布筋浇筑（钢筋混凝土构件）或砌筑（砖石构件），也可采用易于施工的其他材料构件进行更换。

6）建（构）筑物中的非承重墙，如构筑物内的导流墙、框架房屋的填充墙等受到破坏的，可视以下破坏轻重程度分别对待。

①破坏较轻，仅出现少量裂缝，不影响墙体稳定的，可仅对裂缝进行修补。

②破坏较重，裂缝较多，但不影响墙体稳定的，可采用对夹型钢或加钢筋砂浆墙垛等措施进行帮扶加固或采取局部拆除重砌等措施。

③对破坏严重，裂缝较多，影响墙体稳定的，须拆除重新砌筑。与承重构件间拉结筋断裂或原无拉结筋的，需通过植筋等措施加强墙体与承重构件间的连接。不同材料的墙体，应根据其长度、高度、厚度等不同情况分别按各自的规范或标准图要求在墙内设置构造柱、拉结筋、墙带以及墙顶的稳定构造措施。

地震中，非承重墙体局部出现倒塌的，应重新砌筑，并在墙内及顶部设置必要的稳定构件。

化学注浆、粘贴碳纤维复合材料、粘贴钢板必须由专业施工队伍施工。

（2）工艺系统修复

工艺系统修复首先应完善《城镇燃气设计规范》GB 50028—2006 要求的功能，同时按 5.4.3 第 3 条"工艺、电气系统应急功能设计"强调的功能实施。

1）设备本体修复应委托专业生产厂家完成。

2）场站管道系统修复应由有资质的设计单位提供修复方案；由有资质的施工单位施工，由有资质的监理单位监理。

3）CNG 加气站

CNG 加气站修复应遵循《汽车加油加气站设计与施工规范》GB 50156—2012 的相关要求。

4）其他场站

城市燃气场站修复应遵循《城镇燃气设计规范》GB 50028—2006。

(3) 电气系统修复

1）电网鉴定与修复由供电单位进行；若原供电网络不能满足供电要求，寻求第二电源、临时电源或采用柴油发电机组应急供电，首先满足仪表控制系统用电。

2）变压器的震后修复：由供电专业队伍对变压器受损程度进行检查，对受损部位进行修复、更换；震后的变压器须进行电气性能检测，对通过检测可继续使用的变压器要进行复位、基础修复处理。

3）开关柜设备的震后修复：修复时首先清理建筑碎块，检查设备受损状况，检查柜内电气元件受损情况，对设备进行复位，检查和紧固连接缆线，对受损的电气元件进行修复和更换，检查工作接地和安全接地系统是否良好，进行必要的电气性能检测。

4）场站内配电电缆线路、控制电缆线路的震后修复：修复时须对电缆线路沿线进行检查，对电缆与设备的接头进行检查、加固，对损害不能继续使用的电缆进行更换。

5）场站内检测仪表的震后修复：通常设有一些流量、压力、温度等现场检测仪表。交由技术质量监督部门对仪表进行校准。对受损不能继续使用的仪表进行更换。

3. 重建

重建分为局部重建和整体重建。

(1) 局部重建

1）建（构）筑物重建

建（构）筑物重建必须以现行《中国地震动参数区划图》GB 18306—2015 中规定的地震动参数值确定其设防烈度。

建（构）筑物重建时应满足场站的现有功能。

场站内各建（构）筑物推荐结构形式同 5.4.3 第 2 条"建（构）筑物的抗震要求"中的（2）场站内各建（构）筑物结构形式。

2）工艺系统重建

设计规模需满足灾后新城市规划发展对城市燃气的需求；工艺系统必须满足《城镇燃气设计规范》GB 50028—2006 的要求，同时按 5.4.3 第 3 条"工艺、电气系统应急功能设计"强调的功能实施。

工艺系统重建应由有资质的设计单位设计修复方案；由有资质的施工单位施工，由有资质的监理单位监理。

(2) 整体重建

除选址外，其他同 5.4.3 "迁建场站技术"。

5.4.5 长输管道修复与重建

1. 长输管道的抗震鉴定

通过灾害性地质地段的燃气长输管道无论损坏轻重宜改线。

前期应急评估为中度损坏、严重损毁的管道需作抗震鉴定；鉴定方法为气密性试验。长输管道应由有资质的单位（锅检所等）鉴定。

(1) 长输管道埋于地下，地震时损坏程度很难检测；同时长输管道采用的钢管通常是优质钢材，抗震强度高；根据国内外经验，在管道途经路由无断裂带、无明显地质变化地段，受地震破坏的影响很小；应急评估结论为基本完好或轻微损害的管道，不再作鉴定，可恢复至灾前正常压力。

(2) 应急评估为中度以上损坏的管段，修复后应整段作吹扫、强度试验、气密试验、置换，并与相邻管段作整体气密试验；中度以上损坏的管段数超过总管段数 1/3 的长输管道，修复后每段作吹扫、强度试验、气密试验、置换，全线作分段气密试验；处置完成后恢复到管道灾前运行压力。气密试验应按《油气长输管道施工及验收规范》GB 50369—2014 的规定执行。

(3) 应急评估为严重损毁的管道，新建管段应作吹扫、强度试验、气密试验、置换，并作全线整体严密性试验。处置完成后恢复到灾前运行压力。气密试验应按《油气长输管道施工及验收规范》GB 50369—2014 的规定执行。

(4) 在上述工程完成后管道恢复到灾前运行压力，拆除应急管道。

2. 长输管道修复与重建

(1) 管道修复、改线应委托有资质的设计单位设计，提供修复方案；由有资质的施工单位施工，由有资质的监理单位监理。

(2) 改线管道应设计分段阀门和放空设施；修复管道应加设分段阀门和放空设施。当管道不可避免通过灾害性地质地段时，应在气源端加设紧急截断阀。

(3) 长输管道设计应执行《输气管道工程设计规范》GB 50251—2003 的规定，施工及验收应执行《油气长输管道施工及验收规范》GB 50369—2014 的规定。

5.4.6 高中压管道的鉴定与修复重建

1. 城市燃气高中压管道的抗震鉴定

通过灾害性地质地段的城市燃气管道宜改线，若受城市地形限制无条件改线的，必须采取紧急应急措施。

前期应急评估为中度损坏、严重损毁的管道需作抗震鉴定；主要的鉴定方法为气密性试验。燃气管道应由有资质的单位（锅检所等）鉴定。

(1) 地下管道地震时损坏程度很难检测，同时由于管道使用年限不同，对整个城市管道作整体压力试验不现实；根据国内外经验，在管道途经无断裂带、无明显地质变化的地段，地震对管道的破坏很小；应急评估结论为基本完好或轻微损伤的管道，不再作鉴定，可升压至灾前正常压力。

(2) 应急评估为中度损坏的高压管道、中压干管分段鉴定，中压枝管分片鉴定，小区庭院管分区鉴定。

损坏管段修复后应整段作吹扫、强度试验、气密试验、置换，并与相邻管段作整体气密试验；中度以上损坏的管段数超过总管段数 1/3 的高压管道、中压干管，修复后应作全线气密试验；片、区内中度以上损坏的管段数超过总管段数 1/3 的中压支管、小区庭院管，修复后应作整个片、区气的气密试验；处置完成后管道恢复到灾前运行压力。

(3) 应急评估为严重损毁的管道，管道新建应作吹扫、强度试验、气密试验、置换，并与相邻管道作整体气密试验。处置完成后管道恢复到灾前运行压力。

(4) 气密试验应按《城镇燃气输配工程施工及验收规范》CJJ 33—2005 的规定执行。

2. 城市燃气高中压管道的修复与重建

（1）管道修复、改线应委托有资质的设计单位设计，提供修复方案；由有资质的施工单位施工，由有资质的监理单位监理。

（2）改线管道应设计分段阀门和分支阀门并作放散设施；修复管道应加设分段阀门、分支阀门、放空设施。当管道不可避免通过灾害性地质地段时，应在气源端加设紧急截断阀。

（3）城市燃气管道设计应执行《城镇燃气设计规范》GB 50028—2006 的规定，施工及验收应执行《城镇燃气输配工程施工及验收规范》CJJ 33—2005 的规定。

（4）燃气中高压网的重建需要进行整体抗震性能评价。评价需要采用连通可靠度分析方法进行。分析方法实现评价随机地震作用下管线的抗震可靠度，在此基础上，采用网络连通可靠度分析方法来进行管网的抗震可靠度分析，分析方法可以采用目前效率较高的递推分解算法。如果管网抗震连通可靠度不能满足要求，有必要采用通过增加管线和改进管径的管网拓扑优化方法来实现管网的抗震优化设计。

5.5 用户端灾后供气

5.5.1 灾后供气基本原则

（1）应急评估是应急供气的基本要求；抗震鉴定是恢复供气的前提。

（2）工业用户可由业主委托有资质的单位对用户管道作应急评价、抗震鉴定和修复。

（3）商业用户可由供气单位对用户管道作应急评价、抗震鉴定和修复。

（4）居民用户应由供气单位作应急评价、抗震鉴定和修复，并以楼幢、小区为单位申请。

（5）用户端：商业用户指调压计量箱柜后的低压管道；居民用户是指调压箱柜后的低压管道、入户管道直到表后阀。

5.5.2 用户端的应急供气

1. 应急评估

（1）工业用户

由燃气公司与用户联合组织，只针对燃气专用设施进行应急评价。评价结果分为三种：基本完好，可恢复供气；修复，待修复后可供气；损毁严重，待鉴定后重建。

（2）民用、商用用户

由城市燃气行业主管部门或燃气公司组织，针对用气建筑和燃气专用设施进行应急评价。评价结果分为：建筑完好、燃气设施完好，可恢复供气；建筑受损，待建筑正式鉴定修复后再鉴定和修复燃气设施，暂停供气；建筑损毁，停止供气。

检查重点：埋地管与地面管交汇处，入户管、阀门，螺纹接头。

2. 应急评估方法

首先通过直观判断管道阀门的外观受损状况，结论分为：基本完好，可以恢复供气；

轻微损伤，快速修复，通气后用燃气检漏仪检查埋地管道，用肥皂水检查地面和户内管道，无漏气，可恢复供气。

恢复供气的安全措施详见后文介绍。

3. 快速修复

民用管道由燃气公司的抢修队伍处置；商业、工业管道由业主请有资质的施工单位处置。

5.5.3 用户端灾后修复

1. 用户管道的抗震鉴定

（1）应急评估结论为完好或轻微损伤已修复并正常供气的用户端低压管道不再作鉴定，继续运行。

（2）应急评估结论为中度损坏的建筑和管道需分别按楼幢低压管道和用户管道进行压力试验；对埋地管与地面管结合处、楼幢入户管结合处进行重点检漏，发现漏点及时修复。试验压力：埋地管道应按《城镇燃气输配工程施工及验收规范》CJJ 33—2005 的规定执行，户内管道应按《城镇燃气室内工程施工与质量验收规范》CJJ 94—2009 的规定执行。

2. 用户低压管道的修复

（1）管道修复、改线应委托有资质的设计单位设计，提供修复方案；由有资质的施工单位施工，由有资质的监理单位监理。

（2）管道设计应执行《城镇燃气设计规范》GB 50028—2006 的规定，施工及验收应执行《城镇燃气输配工程施工及验收规范》CJJ 33—2005 和《城镇燃气室内工程施工与质量验收规范》CJJ 94—2009 的规定。

5.5.4 恢复供气时的用户端安全措施

1. 用户申请是恢复供气的依据

（1）工业用户、商业用户提出书面申请并附修复竣工报告。

（2）居民用户应以楼幢或小区为单位提出书面申请。

2. 工业用户、商业用户供气

供气单位专业人员检查用户端设备后，供气单位负责人与用气单位负责人现场签订用气确认书，方可供气。

3. 居民用户供气

供气单位以楼幢或小区为单位统一约定供气时间；专业人员检查用户端设备合格；专业人员入户确认关断所有户内表后阀，方可供气。

开始供气时专业人员必须现场监测，供气后与户主签订用气确认书。

5.6 国外借鉴：日本阪神—淡路地震供燃气系统震后恢复实例

由于日本地震频繁，因此燃气防灾的一个主要灾种就是地震灾害。为了防止地震灾害，燃气的高压和中压管道采用强度高、延性好的焊接钢管，并且燃气系统在各种不同的设备、管道都有一定的预防措施。包括：灾害发生时燃气设施自动快速切断；管网地域分块化，确保安全，减少次生灾害；基于紧急切断装置的燃气制造和输送的停止。

日本阪神—淡路7.3级大地震中，由于燃气设备紧急切断迅速，管道管材较好，高压管道和其他前端的设备没有震害；中压管道和设备有106处破坏，低压管道和设备有26459处破坏，神户和大阪及中间区域共有86万户停止供气。为保证安全，实现对受严重影响的区域停止供气，然后逐步开始恢复供气。

供气恢复首先从容易恢复的地段开始并制定了基于计算机系统的最高效的快速恢复作业计划。由于在各公司、中心、基地等，平时就储备一些紧急用器材和灾后恢复用器材并编制了缜密的快速作业手册，恢复工作能够迅速展开。震后的恢复作业以安全为前提。道路和房屋受损比较轻的分块首先进行恢复，从对供气系统影响大的上流开始，按照恢复分块形成—调查—修理—恢复供气的顺序循环进行。

第6章 交 通 系 统

交通系统生命线是指道路、轨道交通、桥梁、隧道与港口工程等,地震灾害之后交通生命线工程的破坏将造成救灾工作的巨大困难,也会给当地经济恢复带来长久影响。科学合理的规划、选址,采取结构抗震减震设计与抗震构造措施,能有效地减轻地震造成的灾害,是交通系统修复、重建的重要环节。

6.1 技术总则

6.1.1 道路修复与重建基本原则

根据地震灾后道路震毁情况和修复与重建计划,将修复与重建时序分为应急抢险期、过渡恢复期、规划重建期三个阶段。城镇道路修复与重建内容主要包括:各级城镇道路、广场停车场、道路防护设施(边坡防护、挡土墙等)、道路涵洞等。各阶段道路修复与重建应考虑以下原则:

(1) 应急抢险期城镇道路应以"通"为主,快速检测、快速评估、快速修复。优先打通与外围交通联系的城镇出入口道路,开辟紧急抢险通道,满足抢险救援的要求。

(2) 过渡恢复期城镇道路应本着先"通"后"畅"的原则,优先恢复城镇主要出入口道路,其次恢复城镇中的主要干线系统和连接重要基础设施及重点公共建筑物的通道,在短期内恢复主要干线系统比较困难时,则应恢复可替代的次干路或支路系统,以形成多方位、多路径的救援通道。

(3) 规划重建期的道路建设应先进行地质灾害评价、环境评价等基础性工作,必要时进行地震安全性评价,道路建设应当符合城镇重建规划、交通规划及防灾规划;满足城镇道路相关设计规范和地方标准,结合区域地质灾害特点,以防为主,防治结合,加强对各种自然灾害的防范措施。

(4) 城镇道路修复与重建的筑路材料应就地取材,并优先利用建筑垃圾,以减少工程投资和环境影响。

6.1.2 桥梁震后应急响应基本原则

桥梁是交通生命线上的关键节点,地震后需要尽快地掌握桥梁的完好状况,以保障交通生命线的畅通。

(1) 地震后应对桥梁进行快速判别鉴定,快速检测可由有经验的专业技术人员采用简单仪器或人工判别法。应先对抢险重要道路上的桥梁进行快速判别鉴定。

(2) 对于基本完好可通行的桥梁立牌明示;对于局部损伤、采取简易措施可通行的桥梁可采用临时支撑、限载等措施，临时抢通；倒塌及危险的桥梁应设置警戒，避免造成人员伤害。

（3）桥梁养护部门应对运行的受损桥梁加强日常检查，防止发生突发安全事件。在较大余震发生后，应对受损桥梁进行快速复查。

6.2 交通系统评估与鉴定

6.2.1 震后道路损害鉴定

道路系统鉴定包括对震损类型的判定以及对震损破坏程度的调查、检测和评估。

1. 道路震损类型

道路的震损破坏一般是由地基破坏引起的。地震引起的地基破坏主要有：土壤液化、软土沉降、地基不均匀沉降、填土地基变形以及其他地面破坏。由于地基破坏造成道路路基和路面开裂、沉降（陷）、隆起，路基滑移，挡土墙等构筑物损坏，致使交通中断。一般平原地区以土的液化产生的路基破坏最为突出，而山区和丘陵地带的路基变形、崩塌、山体滑坡以及泥石流等对道路交通的影响更为严重。

地震引起的道路破坏类型具有复杂性、多样性、并存性。汇总四川汶川地震引起的城镇道路及其相关设施的主要震损类型，见图 6-1～图 6-15。

（1）路基、路面的地震损害现象主要有：路基、路面发生严重纵向或横向裂缝、沉降（陷）、隆起、路障等。纵缝宽度和沉降（陷）、隆起程度一般较为严重，并伴随着严重的路面破碎，以致中断或影响交通运行；同时，由于道路两侧建筑倒塌、山体滑坡掩埋路面，阻断交通。

图 6-1　纵向裂缝（一）　　　　图 6-2　纵向裂缝（二）

图 6-3 纵向裂缝（三）

图 6-4 纵向裂缝（四）

图 6-5 纵、横向裂缝

图 6-6 塌陷、碎裂（一）

图 6-7 塌陷、碎裂（二）

图 6-8 隆起、碎裂（一）

图 6-9　隆起、碎裂（二）

图 6-10　隆起、碎裂（三）

图 6-11　错台、碎裂

图 6-12　建筑垃圾阻塞道路（一）

图 6-13　建筑垃圾阻塞道路（二）

图 6-14　边坡滑移、路基损坏

图 6-15　边坡坍塌、路基损坏

(2) 广场以及各类场站道路地震损害现象与路基、路面的损害情况基本一致，同时伴有场站附属建筑物的倒塌破坏。

(3) 道路防护设施地震损害现象主要有：边坡出现滑坡、坍塌、崩塌等；挡土墙等支挡结构发生开裂、倾斜、倒塌、滑移等。

(4) 道路涵洞地震损害现象主要有：开裂、位移、坍塌等。

2. 道路震损破坏检测

城镇道路震损破坏检测主体应包括：各级城镇道路、广场停车场的路基、路面，边坡防护，挡土墙及道路涵洞等。检测内容包括城镇路网的空间分布、道路宽度、阻断因素（房屋等建筑结构、路树、围墙、土石方等）、阻断宽度，路基、路面和边坡支挡结构的破坏形式和破坏程度等。

考虑震后各阶段对交通系统的不同需求，在应急抢险期、过渡恢复期、规划重建期应采取不同的检测方法和评估标准，以满足不同阶段的使用需求。

(1) 应急抢险期应快速检测、评估、判断，确定修复技术方案。快速检测可由有经验的专业技术人员采用简单仪器或人工判别法，根据道路破坏情况和应急抢险期对通行的基本要求，建议将道路破坏类型按表6-1分为三个等级。

道路破坏类型及等级 表6-1

破坏类型	一级	二级	三级
纵向裂缝(cm)	>15	10～15	<10
横向裂缝(cm)	>30	20～30	<20
路段、桥头路基下沉(cm)	>20	10～20	<10
路面隆起(cm)	>20	10～20	<10
杂物掩埋(用可通行区宽度表示)(m)	>5	2.5～5	<2.5

一级：道路破坏严重，交通完全中断，双向车辆均不能通行。

二级：道路破坏较严重，采取必要的管制措施后，车辆仅能单向通行。

三级：道路破坏较轻，车辆可双向通行，交通基本不受影响。

(2) 过渡恢复期道路可在快速检测的基础上，参照《城镇道路养护技术规范》CJJ 36—2006的有关规定，对影响交通安全的一些重要指标进行检测和评价。重点为城镇中主要出入口道路和连接重要设施、单位的道路。

(3) 重建期既有道路的检测应当按照《城镇道路养护技术规范》CJJ 36—2006的有关规定，对相关指标进行检测与评价，作为重建期确定道路修复方案的依据。

3. 道路震损破坏评估

在调查和检测的基础上，根据不同类型道路的震损比例、程度、分布情况以及修复的难易程度等因素，对震损情况进行综合评估。根据震损评估意见，确定修复对策和满足使用要求的修复方案。

(1) 重点地区道路

评估医院、学校、交通枢纽、电厂、水厂等重点设施周边道路的破坏程度、剩余通行能力、修复的难易程度，判断道路是否满足通往重要设施使用功能的需要。

(2) 城镇主要出入口道路

评估城镇各条主要出入口道路的破坏程度、空间分布、剩余通行能力、修复的难易程度，判断是否满足抢险救援交通需求。

(3) 城镇内部道路

从城镇路网体系角度综合评估城镇内部各级道路、场站等交通设施的破坏程度、空间分布、连通度和通达性、剩余通行能力、修复的难易程度等，判断是否满足抢险救援、安置居民生活的需要。

6.2.2 震后桥梁检测与评估

1. 地震区桥梁一般破坏形式

地震造成的桥梁破坏，往往给震后救灾带来很大困难，并且造成巨大的经济损失。地震发生时，由于地震波传播到地基，使桥基发生水平和竖直振动，并导致桥梁本身发生水平和竖直振动，从而在桥梁各部位产生惯性力（地震荷载），使结构受力和变形，当结构抗力不足以抵御地震荷载时，即发生破坏。在砂性土和软黏性土地区，地震将使土的剪力大幅度降低，从而降低了土的承载能力，使墩台下沉和倾斜，特别是砂性土地区地下水极易从桩周夹带细砂从底层冒出地面，导致墩台大幅度下沉。构造地裂缝使墩台产生水平、竖直、倾斜变形。这些变形均属于大幅度变形，会导致桥梁产生严重破坏。地震区桥梁一般震害归类如下：

(1) 桥梁墩、台基础产生下沉、滑移、倾斜、断裂；桥台胸墙开裂、剪断，墩（台）帽拉裂；地基土液化，承载力降低等；

(2) 板、梁桥的纵、横向移位、撞击造成梁端损坏、落梁；

(3) 桁梁桥中的桁梁扭曲、位移；

(4) 拱桥拱上建筑局部挤坏，腹拱与立柱连接处开裂或脱落；拱圈变形、开裂；拱脚移位、开裂等；

(5) 支座底板砂浆开裂破坏，底板附近下部结构混凝土破损，锚固螺栓拔出或剪断，支座倾覆、销钉损坏、滚轴脱离。

主要震害破坏，见表 6-2、图 6-16～图 6-26。

桥梁主要震害现象 表 6-2

破坏现象	简 图	说 明
墩台基础沉陷不均		地震使桥梁墩台基础产生不均匀沉降，桥面凹凸不平，从而影响行车安全，或行车颠簸，易损坏车辆部件，行驶不适
墩台顶或整个墩台身产生横桥向或顺桥向位移		墩台顶或整个墩台身产生横桥向或顺桥向位移，致使梁体发生相应的位移，甚至影响车辆的正常行驶

续表

破坏现象	简 图	说 明
落梁		地震力作用下梁体脱离墩台,坠落河中或地面,有时梁体在水平地震力作用下沿横桥向震出,坠入桥下外侧
墩台位移或倾斜		地震使地基产生液化,由于地基液化等因素引起墩台产生倾斜或移动,最终有可能导致梁体的破坏
墩台发生剪切、扭转或墩身折断		墩台发生剪切或剪断扭转,墩台身为地震力所折断。此种情况,多发生在混凝土施工接缝处,或墩台截面突变处
桥台位移		由于路基位移,使桥台向河心方向移动,致使梁端缝隙减小或顶死,从而引起梁端撞坏与前墙的损坏。有时梁体与桥台前墙错位,二者间距加大,造成行车困难
支座剪断或拉裂等		墩台固定支座锚栓剪断或支座垫石被支座螺栓拉裂,固定支座上摆脱出,摆柱支座倾倒,活动支座分离

99

图 6-16 垮塌的拱桥（一）

图 6-17 垮塌的拱桥（二）

图 6-18 附属设施损毁、尚可通行的桥梁

图 6-19 桥梁落梁，交通中断

图 6-20 拱脚处斜杆剪切破坏

图 6-21 损毁的拱桥

图 6-22 通道桥破坏　　　　图 6-23 上部结构塌落，交通中断

图 6-24 桥墩连系梁开裂破坏　　　图 6-25 桥墩底部开裂破坏

2. 震后桥梁检测与评估

根据《城市桥梁养护技术规范》CJJ 99—2003 的要求，震后桥梁检测可分为桥梁普查和特殊检测两步进行：

第一步——桥梁普查

（1）目标：初步确定桥梁遭受地震破坏的影响程度，提出应急措施；根据桥梁在道路中所处的位置和重要性的不同，确定特殊检测的先后顺序。

（2）范围：地震影响范围内属于城镇管理区域的全部桥梁。

（3）依据：震后桥梁普查主要依据《城市桥梁养护技术规范》CJJ 99—2003 中常规定期检测技术要求进行。

图 6-26 桥墩混凝土压碎，钢筋屈曲

（4）检测内容：

1）对照桥梁原始资料现场校核桥梁的基本数据；

2）实地判断损坏原因，估计维修范围和方案；

3）对难以判断其损坏程度和原因的构件，提出作特殊检测的建议；

4) 对损坏严重、危及安全的桥梁，提出限载以致暂时限制交通的建议。

(5) 承担单位：震后桥梁普查应由桥梁管理养护部门负责，并由专职桥梁养护工程技术人员或实践经验丰富的桥梁工程技术人员负责。

(6) 普查工作建议在下列时间内完成：Ⅰ等养护的城市桥梁 3 日以内；Ⅱ等养护的城市桥梁 7 日以内；Ⅲ等养护的城市桥梁 14 日以内。

其中：Ⅰ等养护的城市桥梁为Ⅰ、Ⅱ、Ⅲ类养护的城市桥梁；Ⅱ等养护的城市桥梁为Ⅳ、Ⅴ类养护的城市桥梁；Ⅲ等养护的城市桥梁为Ⅴ类养护的城市桥梁。

Ⅰ类养护的城市桥梁——特大桥梁及特殊结构桥梁；

Ⅱ类养护的城市桥梁——城市快速路网上的桥梁；

Ⅲ类养护的城市桥梁——城市主干路上的桥梁；

Ⅳ类养护的城市桥梁——城市次干路上的桥梁；

Ⅴ类养护的城市桥梁——城市支路和街坊路上的桥梁。

(7) 成果：根据检测结果，进行桥梁技术状态评估分级，初步确定桥梁完好状态，提出桥梁管理的初步建议（正常通行、限载、中断交通等），提出地震后桥梁特殊检测的优先顺序建议。

第二步——特殊检测

(1) 目标：判明桥梁破坏程度，鉴定承载能力，提出维护、加固或重建方案。

(2) 范围：地震影响范围内属于城镇管理区域的全部桥梁。

(3) 依据：主要依据《城市桥梁养护技术规范》CJJ 99—2003 中特殊检测技术要求进行。按照《城市桥梁养护技术规范》CJJ 99—2003 第 4.4.3 条要求："城市桥梁遭受洪水冲刷、流冰、漂流物、船舶或车辆撞击、滑坡、地震、风灾、火灾、化学剂腐蚀、车辆荷载超过桥梁限载的车辆通过等特殊灾害造成结构损伤"等情况下应进行特殊检测。

(4) 承担单位：特殊检测应由有相应资质的专业单位承担。

(5) 检测项目：依据《城市桥梁养护技术规范》CJJ 99—2003 第 4.4 节特殊检测技术要求进行。根据地震破坏的特点，推荐桥梁重点检测部位，见表 6-3。

重点检测部位　　　　　　　　　　　　　　　表 6-3

序号	检测部位	检测内容	备注
1	基础及周边地面状况	1. 基础下沉、滑移、倾斜或断裂 2. 地基土液化、承载力降低 3. 周边滑坡对桥梁基础的影响	
2	下部结构墩台	1. 墩台顶或墩台身横桥向或顺桥向倾斜和位移 2. 墩台发生剪切、扭转或折断破坏 3. 拱桥拱脚移位或开裂	
3	支座	1. 支座倾倒、脱落 2. 锚固螺栓拔出或剪断 3. 支座发生过大剪切变形	
4	抗震设施	1. 抗震台或锚栓破坏 2. 限位措施失效	

续表

序号	检测部位		检测内容	备注
5	上部结构	简支梁(板)	1. 落梁 2. 主梁梁端损坏 3. 简支梁横向不均匀沉降造成的横向连系梁破坏	
		连续梁（连续刚构）	1. 落梁 2. 主梁梁端损坏 3. 连续梁纵向不均匀沉降造成的破坏	
		拱桥	1. 拱脚是否位移与转动 2. 拱脚与拱顶是否出现横向超标裂缝 3. 拱圈是否出现大量纵向贯通裂缝 4. 腹拱与立柱连接处开裂或脱落 5. 拱桥拱上建筑的局部挤坏	
		斜拉桥	1. 主塔是否出现倾斜、混凝土破坏 2. 斜拉索是否断裂、松弛现象 3. 主梁是否断裂、破碎情况	
		吊桥	1. 主塔是否发生倾斜或偏位 2. 主缆的锚固处是否出现了混凝土开裂、土体松动 3. 主缆是否断裂 4. 主梁是否存在损坏	
6	桥面系、伸缩缝及其他附属设施		1. 桥面铺装损坏 2. 伸缩装置是否正常 3. 排水设施损坏 4. 桥梁护坡损坏	

各种类型桥梁主要检测内容可参见表 6-4。

各种类型桥梁主要检测项目　　　　表 6-4

序号	检测项目	检测内容						
		钢筋混凝土桥	预应力钢筋混凝土桥	圬工拱桥	钢结构桥	钢-混凝土组合梁桥	悬索桥	斜拉桥
1	外观缺陷	√	√	√	√	√	√	√
2	材料缺陷	√	√	√	√	√	√	√
3	材料强度	√	√	√		√	√	√
4	混凝土开裂状况	√	√	√		√	√	√
5	焊缝检测				√	√	√	√
6	几何形态参数检测		√				√	√
7	索结构索力测定						√	√
8	结构固有模态及动载实验	*	*	*	*	*	√	√
9	静载实验	*	*	*	*	*	*	*

注：√为必测项目，*为选测项目。

（6）特殊检测期限：建议特殊检测期限，见表 6-5。

特殊检测期限 表 6-5

破坏程度	无损坏	轻微损坏	严重损坏
Ⅰ等养护城市桥梁	3个月	1个月	15日
Ⅱ等养护城市桥梁	5个月	3个月	1个月
Ⅲ等养护城市桥梁	一年	5个月	3个月

(7) 成果：判定桥梁承载能力，对桥梁维修、加固或重建提出建议。

6.3 交通系统修复与加固技术

6.3.1 震后道路修复和加固方法

1. 修复原则

(1) 先主后次，先通后畅，抢险优先。

城镇道路在地震灾后修复时应先进行快速检测、应急评估，判断城镇进出口道路和干线路网的通行性，尽快确定需修复的应急抢险道路和修复方案，制定应急管制措施。根据震后道路损毁程度，对于中断交通的应禁止通行，影响交通的可限制通行，并进一步判断其破坏形式及可修复的难易程度，确定修复对策和方案，为紧急救援提供通道。

(2) 兼顾恢复过渡期使用要求和重建期实现规划的衔接条件。

恢复过渡期的城镇道路修复应对整体路网的通达性进行检测评估和判断，并根据重要性和修复的难易程度确定修复顺序和修复方案，修复后的路网密度需满足过渡期的使用功能要求。

城镇道路恢复过渡期修复标准和宽度宜与原标准一致。在清除障碍物或修复困难不能满足原标准时，可采取过渡性工程措施。生活性道路路面宽可采用 7～9m，两侧设置 1.5～2m 简易铺装的人行道，交通性道路路面宽可采用 6～7m，不设人行道。

(3) 应综合考虑使用要求、筑路材料、施工设备等因素。

城镇道路的灾后修复应针对破坏形式，满足通行要求，参照《城镇道路养护技术规范》CJJ 36—2006 中对路基、路面、防护设施以及道路涵洞的检测和评价内容，并结合当地施工条件、材料来源合理确定修复方案。筑路材料选择应就地取材，并充分利用建筑垃圾。

(4) 考虑与其他基础设施修复的合理衔接。

城镇道路沿线一般敷设有各类地下管线、地面杆线及其他设施，在修复中应统筹考虑、协调配合。

2. 修复技术措施

地震引起的道路破坏一般为多种形式并存，因此，道路修复方案应综合考虑各种因素，全面分析道路破坏的原因和机理，确定有针对性的修复技术和工程方案。按照先下后上、先主后次的修复顺序，依次进行路基、路面基层和路面面层的修复。具体技术措施如下：

（1）路基修复技术措施

路基破坏形式与地基破坏形式相似，其破坏形式与修复技术措施，见表 6-6。

路基破坏形式与修复技术措施　　　　　　　　　　　　　表 6-6

破坏形式	修复技术措施
岩体错动，地表开裂，道路出现大裂缝和错位，破坏较严重，造成交通中断	道路修复和重建应尽量避开不良地质区域；应急处理可采用土体置换、重新覆土夯实等措施
地面和路基的不均匀沉降造成路面沉陷、拱起	置换、强夯、挤密桩等方式，消除路基沉陷、拱起等震害
边坡失稳，路基破坏	加强排水、进行支护，以抵抗整体滑动

（2）路面修复技术措施

路面的破坏形式与路基破坏形式有关，路基的沉陷或拱起导致路面的开裂和错台等，而且表现出多种破坏形式并存的特征。

路面修复包括基层和面层，可根据其破坏形式和程度，参照《城镇道路养护技术规范》CJJ 36—2006 中的有关规定进行处理。路面破坏形式与修复技术措施，见表 6-7。

路面破坏形式与修复技术措施　　　　　　　　　　　　　表 6-7

破坏形式	破坏程度	修复技术措施	
		沥青路面	水泥混凝土路面
路面的纵、横向裂缝	1. 纵向裂缝宽度大致为 10～15cm 2. 横向裂缝宽度达到 50～60cm 3. 桥头路基范围纵、横向裂缝更加明显	1. 应先处理基层裂缝。采取挖填、清缝、回填基层材料对基层进行填筑后，再铺筑面层 2. 面层可采用热沥青（含乳化沥青）或沥青混合料修补	1. 基层裂缝处理方式同沥青路面 2. 根据裂缝宽度及破碎程度采取灌注填缝材料、扩缝补块、挖补补块或加铺处理方式。采用加铺方式时，应先对水泥路面的现有病害进行处理
路面沉降（陷）、碎裂	1. 局部路面沉陷多达 40～60cm 2. 桥头路面沉降有的多达 1m	1. 在混凝土板无破坏的情况下，将面板顶升复位后，按板下脱空采用灌浆方法处置 2. 当混凝土板整体沉陷并发生断裂、碎裂时，应采取整板翻修的处理方式	1. 在混凝土板无破坏的情况下，将面板顶升复位后，按板下脱空采用灌浆方法处置 2. 当混凝土板整体沉陷并发生断裂、碎裂时，应采取整板翻修的处理方式
路面隆（拱）起、碎裂	1. 隆起会造成周围严重的裂缝 2. 桥头路基受桥跨推压路面隆起更严重	1. 基层破坏时，应先处理基层，再铺筑面层 2. 仅为面层隆起时，可将隆起部分铣刨平整；隆起严重时，应将隆起的面层整体铣刨，喷洒粘层油后铺筑沥青面层	1. 根据错台和拱起的高度采取相应的修补方法，如切割法、补丁罩面法等，并在混凝土面板缝隙中灌注填缝料 2. 碎裂破坏严重时，应清除换块修补
路面被障碍物阻断	路面被滑坡体、建筑垃圾等杂物掩埋	1. 尽快进行清理，恢复通行，并防止次生灾害的发生 2. 清除障碍物困难时，应结合城镇路网进行整体路网恢复，以发挥整体交通系统的机动效应	

（3）防护设施修复技术

城镇道路的防护设施主要包括边坡防护和挡土墙，防护设施破坏形式与修复技术措施，见表 6-8。

防护设施破坏形式与修复技术措施 表 6-8

破坏形式		修复技术措施
边坡防护	滑坡	排水导流、抗滑支挡、减重反压、土层固化等方式
	坍塌	放缓边坡,进行支护和截排水处理
	坡面侵蚀	采取表面加固或清除措施;应与排水设施相配合 可采取植物防护(种草、植草皮、植树等)和圬工防护(片石护坡、网格护坡、骨架护坡、喷浆护坡等)
挡土墙	开裂	挡土墙墙体及坡面出现裂缝或断缝,应先做稳定处理,再进行补缝
	倾斜滑移	挡土墙出现倾斜、滑移及下沉时,应先消除部分侧压因素,再选择锚固法、套墙加固法或增建支撑墙等加固措施
	倒塌	挡土墙出现倒塌或严重损坏时,应拆除重建

(4)道路涵洞修复技术

道路涵洞破坏形式与修复技术措施,见表 6-9。

道路涵洞破坏形式与修复技术措施 表 6-9

破坏形式	修复技术措施
开裂	应及时采取专用填料进行修补
位移	应开挖填土,进行复位和加固处理
坍塌	出现坍塌等严重破坏时,应进行重建

6.3.2 震后桥梁修复和加固方法

1. 桥梁修复加固一般原则

(1)桥梁修复前应复核桥位处地质勘察、测绘、水文、环境等基础资料,地形地貌变化较大处应重新测量,河势改变处需重新进行水文勘察,作为地震灾后修复加固或恢复重建的依据。

(2)加固后的桥梁应满足桥梁正常运营和正常使用的要求;达不到原标准的,应做限载标识。

(3)应同时进行抗震鉴定和加固工作。修复加固的桥梁应当按照修订后的地震灾区的抗震设防要求进行抗震性能鉴定,并根据鉴定结果采取加固、改造等措施。抗震加固的标准可以根据桥梁所处道路的重要程度不同而有所区别,但应满足桥梁抗震规范的要求。

(4)加固处理时尽量采用不中断或短时中断交通的方案,对重点桥梁应做好应急预案。

(5)因救灾或抢运物资不具备同期进行抗震加固的桥梁,在后期应完善抗震加固。

2. 依据标准与规范

《城市桥梁设计规范》CJJ 11—2011
《公路桥涵设计通用规范》JTG D60—2015
《公路钢筋混凝土及预应力混凝土桥涵设计规范》JTG D62—2015
《公路工程抗震规范》JTG B02—2013
《公路桥涵地基与基础设计规范》JTG D63—2007

《混凝土结构加固设计规范》GB 50367—2013
《公路钢结构桥梁设计规范》JTG D64—2015
国家主管部门审批或修订后的地震烈度区划、地震动参数、抗震设防要求及建设标准。

3. 桥梁重点加固部位

震后桥梁重点加固部位，见表6-10。

震后桥梁重点加固部位 表6-10

位置	重点加固部位
上部结构	1. 梁式桥:跨中、横梁、支座 2. 拱桥:拱顶、拱圈1/4跨径处、拱脚及腹拱与立柱连接处 3. 其他形式桥梁:除跨中和支座部位外,还有设计部门提出的抗震薄弱部位
下部结构	1. 墩帽与墩身连接处、盖梁与立柱连接处、承台与基桩连接处 2. 墩、台身或基桩断面突变处 3. 水中墩(桩)干湿交替风化严重的部位 4. 基础局部冲刷严重的部位 5. 钢筋混凝土桥墩混凝土工作缝处

4. 抗震加固措施

（1）梁式桥的抗震加固

梁式桥抗震加固主要是防止顺桥向和横桥向的落梁，防止支座破坏以及梁墩的相对位移。

1）防止顺桥向落梁措施，见表6-11。

防止顺桥向落梁措施 表6-11

加固措施	简　图
增设挡块和加强胸墙,在梁端与胸墙间填塞缓冲材料	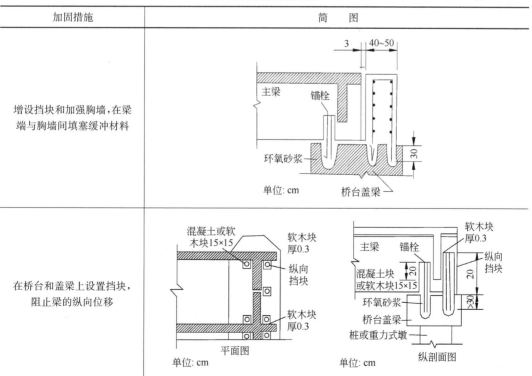
在桥台和盖梁上设置挡块,阻止梁的纵向位移	

续表

加固措施	简 图
墩身盖梁设卡架使主梁和下部结构连接,并保证梁在温度变化时的自由伸缩	
悬臂梁与挂梁之间用连接螺栓或钢板连接加固	
主梁与主梁间、主梁与台帽胸墙间纵向采用螺栓或钢板连接加固	

2) 防止横桥向落梁措施,见表 6-12。

防止横桥向落梁措施　　　　表 6-12

加固措施	简 图
设置横向支座挡块	
主边梁外侧设置钢支架加固	

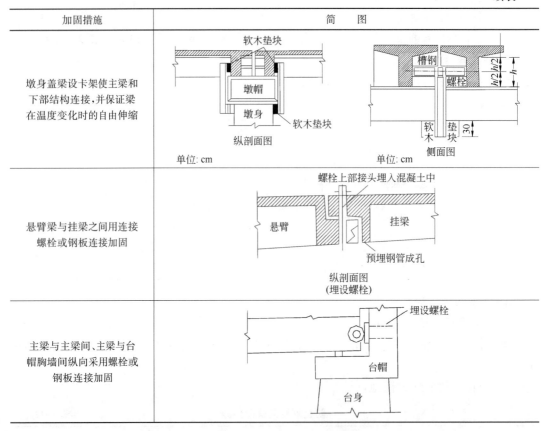

108

3）防止支座破坏措施。

防止支座破坏措施，见表6-13。

防止支座破坏措施　　　　　　　表6-13

加固措施	简　　图
盖梁较宽时设置支座挡块	
在摆动、滚动支座两侧设置挡块，使之成为U形或一字形承托	
两钢支座之间用钢筋纵向连接加固	

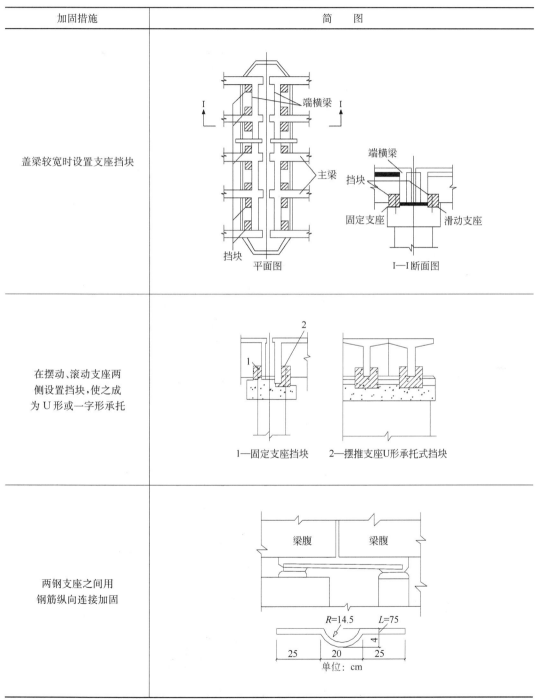

（2）拱桥的抗震加固

拱桥的主要抗震加固措施，见表6-14。

拱桥的主要抗震加固措施　　　　　　　表 6-14

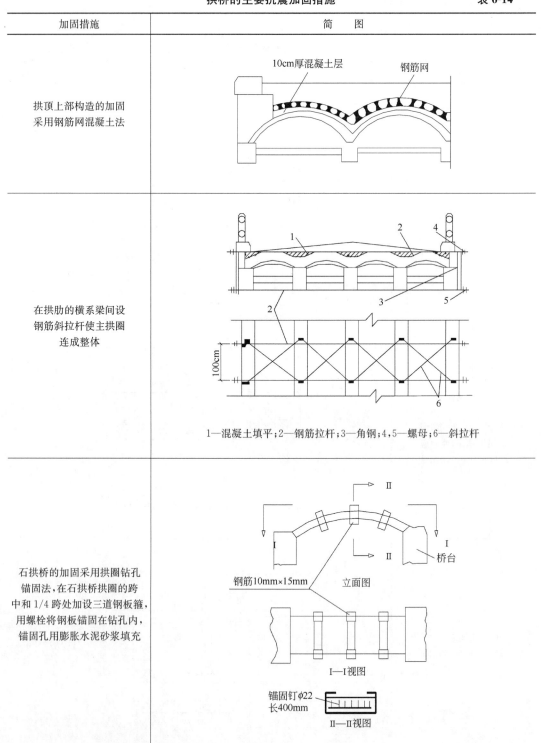

（3）墩台和基础的抗震加固

墩台和基础的主要加固措施，见表 6-15。

墩台和基础的主要加固措施　　　　　表 6-15

加固措施	简　图
排架柱增加横斜撑加固，增加整体性	（图：槽钢或角钢、盖梁、钢板箍、螺栓、主筋、连接钢）
扩大桥墩断面加固	（图：3:1或4:1，1:0.75，φ8~12，50，50，单位：cm）
桥台采用外加围裙加固，提高抗倾覆和抗滑移能力	（图：一般冲刷线，100，150~200，侧面图，平面图，单位：cm）

续表

加固措施	简　图
桥台增设挡墙或扶壁加固，增加抵抗土压力能力	
将埋置式桥台改为U形桥台	
台后增设桥孔，抵抗土压力	
多孔桥梁，在桩墩两侧加设斜撑加固形成抗震墩	
增大基础底面积提高基础承载力	

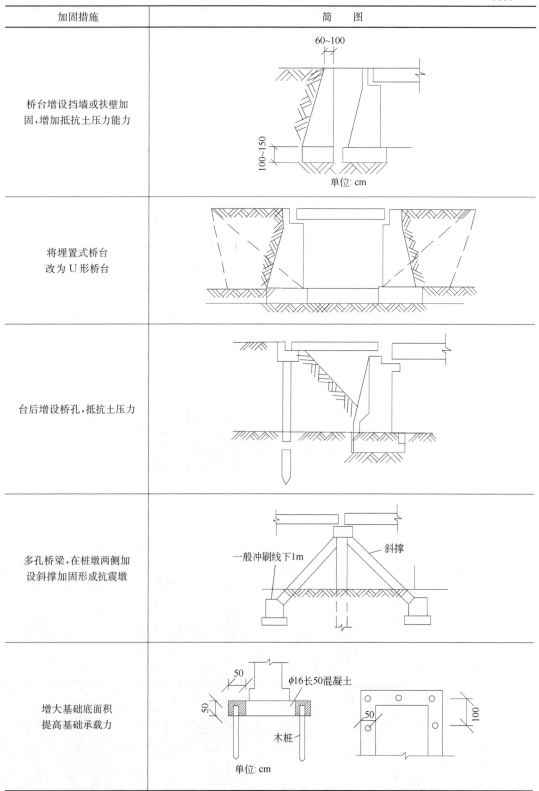

6.4 交通系统重建技术

6.4.1 道路震后重建技术

1. 重建原则

地震灾后道路重建应建立在对受震害城镇重新进行总体规划、城镇体系规划和基础设施建设规划的基础上,并对城镇道路规划重新审核,补充完善抗震防灾规划。应在相关规范和技术标准的指导下,加强城镇防灾系统设计,并遵循以下原则进行:

(1) 应符合城镇重建规划、交通规划及防灾规划

交通规划中考虑路网的抗震性、替代性、互补性以及重要通道的保通、易于修复和防灾减灾功能。

城镇道路的重建应结合重建规划,按主次等级和重要程度进行。城镇主要出入口道路、连接重要基础设施(电厂、水厂、交通枢纽等)和重点公共建筑(医院、学校等)的通道应选择抗震有利的地质、地形和地貌条件,避开易产生地质灾害的区域。

对于破坏严重、修复成本过高,或经过地质灾害评估认定原场地不适合修复或重建的城镇道路,应结合规划重新选线。

(2) 满足城镇道路相关设计规范和地方标准

道路重建规划设计中加强对地震灾害的调查分析,结合震区防灾要求,依据现行规范合理确定道路重建标准。

鉴于灾区地形条件复杂,用地条件局促,宜结合地区条件编制地方标准,指导和规范重建工作。

(3) 加强前期地质灾害评估

结合地质灾害特点,贯彻以防为主、防治结合的方针。在震区道路重建初期选址和方案确定时,首先应进行地质灾害评价,对位于严重地质灾害区域的道路应优先考虑改线方案,由于条件限制无法改线的,应本着减轻震害和便于修复的原则确定设计方案,并应对地质灾害的处置专门进行论证,对可处治的地质灾害应进行先期处理,防治结合。

(4) 道路重建应与其他城镇基础设施相配合

城镇道路沿线一般需敷设城市管网等设施,具有城市生命线的功能,道路重建中应统筹考虑、协调配合。

(5) 建筑垃圾的合理利用

震后灾区重建应优先考虑建筑垃圾的再生利用,减少浪费和环境影响。

(6) 重视灾后道路交通管理

建立完善的道路交通及监控设施、应急管理系统,以提高交通系统应对紧急事件的能力。

2. 重建技术

道路重建中应针对地震产生的地基沉陷、液化、滑坡、挡墙等构筑物破坏现象,重视对这些关键性技术问题的研究,采取适宜的工程措施,降低地震灾害所带来的损失。

(1) 地基处理措施

地基处理是指为提高地基承载力，改善其变形性质或渗透性质而采取的人工处理地基的方法。目前成熟的地基处理方法有换填法、预压法（堆载预压、真空预压）、强夯法和强夯置换法、振冲法、砂石桩法、水泥粉煤灰碎石桩法、夯实水泥土桩法、水泥土搅拌法、高压喷射注浆法、石灰桩法、灰土挤密桩法和土挤密桩法、柱锤冲扩桩法等。

（2）液化处理措施

所谓液化是指饱和土在地震等振动作用下，孔隙水压增加，有效应力降低，引起粒状材料（砂土、粉土等）由固态转变成液态而失去承载力的现象。地震引起的液化对道路路基破坏作用十分严重，必须高度重视。

对存在液化土层的地基，应探明各液化土层的深度和厚度，计算液化指数，划分地基的液化等级；应根据不同的抗震设防类别、液化等级和构筑物类型选用地基抗液化措施。未经处理的液化土层不宜作为天然地基持力层。一般处理措施有换土法、加密法（如振冲、振动加密、挤密碎石桩）等。

（3）滑坡整治

整治原则：以防为主，防治结合；一次根治与分期整治相结合。

整治措施：消除或减少地表水或地下水的作用；恢复山体平衡条件；改善滑动带或滑坡体土壤性质。滑坡整治可考虑以下措施：

1）改线绕避——当滑坡规模巨大，整治耗资大，难以保证稳定时，应采取改线绕避；

2）排水疏导——截、排、引导地表水和地下水等措施，增加滑坡的稳定性；

3）抗滑支挡——采用抗滑挡墙、抗滑干砌片石石垛、锚杆挡墙、抗滑桩等抗滑支挡结构阻挡滑坡体的滑动；

4）减重反压——将滑坡体上部的主滑和牵引地段的土石挖去，填在滑坡下部的抗滑地段，反压阻滑，改善边坡，减少下滑力，增加抗滑力，提高滑坡的稳定性；

5）土层固化——利用物理化学固化，改变滑动体的土石性质，提高强度，稳定滑坡；

6）植树造林——防止滑体、岸坡冲刷，采取绿化山坡、种植植被等措施稳定滑坡。

（4）震陷处治

所谓震陷是指软弱黏性土（淤泥、淤泥质土）在地震等振动作用下发生沉陷的现象。

地基主要受力层范围内存在软弱黏性土层时，应结合具体情况综合考虑，采用桩基、地基加固处理或参照有关抗液化的措施来消除软土震陷。

（5）挡土墙设计

在地震烈度8度以及8度以上（为软弱黏土层或可液化土层时，7度及7度以上）地震区的挡土墙应验算其强度及稳定性。

1）尽可能采用重心低的墙身截面形式；

2）基础尽量置于基岩或坚硬的均质土层上，遇有软弱黏土层或可液化土层或不均匀地基时，须采用适当的加固措施，并可采用加筋土挡土墙等轻型支挡构造物；

3）严格控制砌筑质量，石料要嵌挤密实，砂浆要饱满，其砌筑砂浆标号不低于M5；

4）快速路和主干路等高等级道路不应使用干砌片石挡土墙，其他道路的干砌片（块）石挡土墙的高度，当地震烈度为8度时，不宜超过5m，当地震烈度为9度时，不宜超过3m；

5）墙背填料应尽量用均质土或碎石分层填筑并夯实，施工前须注意基底排水及墙后土体的疏干；

6) 应进行挡土墙抗震强度和稳定性验算。

3. 筑路材料选择

（1）选择原则

1) 城镇道路的修复与重建材料选择应就地取材，并优先利用建筑垃圾。

2) 采取换填方式进行地基处理时，可对建筑垃圾进行破碎填筑或强夯处理；采取复合地基进行地基处理时，可利用建筑垃圾形成渣土桩。

3) 基层材料应结合当地料源，采用易于运输、开采、施工方便的材料。用于恢复应急抢险的道路，可采用利于施工的快速修复材料。

4) 面层材料的使用应结合当地料源供应、生产设备、施工机具和技术，满足使用要求。既有道路的局部修复应优先考虑采用与原道路一致的面层材料；对既有道路进行整体修复或铺面的道路，宜优先考虑采用沥青混凝土路面；对于重建道路应结合地方习惯和标准，选用合理的路面结构组合。

5) 有条件时应推广采用旧沥青混合料和旧水泥混凝土材料的再生利用。

6) 其他路面修补及填缝材料可参照《城镇道路养护技术规范》CJJ 36—2006 选用。

（2）处理措施

建筑废弃物用作筑路材料时，可参见以下利用技术，处理后不满足道路使用要求的其他建筑垃圾不得采用。

1) 废弃混凝土利用技术

利用废弃混凝土可生产再生粗细骨料，配制混凝土或砂浆，也可用来生产挡墙砌块、人行道砖等。

2) 砖瓦利用技术

建筑垃圾中的废砖瓦可生产再生骨料、再生砖或再生砌块，用于砌筑道路附属构筑物，如铺筑人行道、砌筑挡墙等。

3) 渣土类建筑垃圾利用技术

建筑垃圾中的渣土可以作为道路路基稳定层的填料或用作建筑桩基填料，加固软土地基。

6.4.2 桥梁震后重建技术

1. 基本原则

（1）桥梁的重建应当建立在震后对该地区的地震安全性评价、地质灾害评价、环境评价等基础性工作之上，并按照审核或修订后的灾区地震烈度区划和抗震设防要求确定重建的适宜性和设计基本参数。

（2）桥梁的灾后重建在道路重建规划基础上进行，应满足城市水利规划条件。

（3）桥梁重建工程的选址，应尽可能避开地震断层及其他不利的危险地段、生态脆弱地区、可能发生如滑坡、地层液化等重大灾害的区域。桥位应选择在坚硬的场地上，当无法避开软土地基或可能液化的地基时，应对地基进行处理。对于不得不建于地质不良地段的桥梁，宜采用跨径较小、墩台较低的简支梁桥。

（4）新建桥梁应根据地震基本设防烈度进行设防，并根据桥梁所在道路的重要性等级,确定是否需要提高一度采取抗震措施。对于进行了抗震规划的城市,其规划的生命线上的桥梁,必须提高一度采取抗震措施;对于城市快速路或城镇的主要道路,应提高一度采取抗震措施。当地震基本设防烈度为9度时,抗震措施应当进行专门研究。

(5) 尽量降低桥梁施工造成的交通影响。

2. 依据规范

《城市桥梁设计规范》CJJ 11—2011
《公路桥涵设计通用规范》JTG D60—2015
《公路钢筋混凝土及预应力混凝土桥涵设计规范》JTG D62—2004
《公路工程抗震规范》JTG B02—2013
《公路桥涵地基与基础设计规范》JTG D63—2007
《公路钢结构桥梁设计规范》JTG D64—2015
《中国地震动参数区划图》GB 18306—2015
国家主管部门批准的法规及相关建设标准。

3. 灾后重建桥梁的抗震要点

(1) 新建桥梁应按《地震安全性评价管理条例》(国务院令第323号)及地方相应管理办法,对相应区域进行地震安全性评价。按"条例"不需进行地震安全性评价的一般性工程,应按照《中国地震动参数区划图》GB 18306—2015规定的设防要求进行抗震设防。

(2) 对于地震作用的计算,应根据工程的重要性等级、场地的地质条件和地震烈度、结构的自振特性等情况,按照规范用反应谱方法进行结构的地震反应计算。对于大跨度桥梁,还应进行时程反应分析,并考虑地震动的空间不均匀性。

(3) 城市桥梁建议根据道路等级和桥梁类别,依据《公路工程抗震规范》JTG B02—2013中的重要性系数进行修正。

(4) 应搜集桥位处地震基本烈度、地质构造、地震活动情况、工程地质及水文地质条件,并根据地震基本烈度及桥梁重要性等级采取相应的抗震措施。抗震措施的构造应考虑温度变化、预应力作用和混凝土收缩徐变的影响。抗震措施需考虑满足检查的要求。

(5) 桥梁结构形式和体系的选择应有利于抗震。应尽量避免采用结构外形复杂的结构形式;上部结构宜采用连续梁或通过有效构造措施连接的简支梁;采用支座连接上下部结构时,应设计有效的防止落梁措施;下部结构宜选用具有较强抗震性能或较好延性的钢筋混凝土墩柱,抗震措施应优先采用成熟技术。

(6) 对于多跨连续梁结构,各个中墩的截面尺寸和高度布置应避免纵、横向刚度差异过大。跨径相差较大时,应考虑上部结构质量对横桥向频率的影响。对于地面高差较大的地形,应采取工程或构造措施尽量减少刚度差异。应尽可能避免过大的变形出现在少数几个脆性构件上。

(7) 墩台除满足混凝土抗震性能要求外,还应使剪切破坏安全系数大于弯曲破坏安全系数,在罕遇地震下不致发生倒塌。

(8) 对于大跨度桥梁,应结合桥位处的地质条件和地震动特性等具体情况,选择抗震性能较好的结构体系。

(9) 地震时,斜桥及其桥台(或其相邻桥跨)之间的碰撞,能引起桥梁绕一个竖向轴转动。应加大支座支撑长度,并采取转动限位,避免发生落梁。

（10）设计过程中宜采纳更先进的抗震或减、隔震设计理念。采用减震措施设计时，应结合具体桥型进行动力时程分析。

4. 旧桥拆除

（1）桥梁拆除应制定拆除方案，保证拆桥过程的安全。

（2）预应力混凝土主梁的拆除，应有截断预应力钢束的安全措施；T型梁或I型梁拆除过程应保证梁的铅锤度，防止失稳坠梁造成意外伤害。

（3）拱桥拆除应根据不同桥梁特点制定拆除方案，明确拆除顺序和临时稳定措施，以保证拆桥过程中的安全。

6.5 交通系统施工验收

6.5.1 道路震后施工验收

（1）应急道路恢复的施工方式因受施工机具的限制，其验收标准以满足应急抢险的通行要求为宜。

（2）过渡修复期道路的施工验收可参照《城镇道路养护技术规范》CJJ 36—2006 中的大、中修要求执行。

（3）规划重建期道路的施工验收应按照国家和地方新建和改建施工验收标准执行。

6.5.2 桥梁震后施工验收

（1）设计单位除应遵守相应设计规范外，还应当严格按照抗震设防要求和工程建设强制性标准进行抗震设计。

（2）施工单位应当按照施工图设计文件和《建设工程质量管理条例》（中华人民共和国国务院令第279号）进行施工；建设单位、施工单位应当选用施工图设计文件和国家有关标准规定的材料、构配件和产品。

（3）工程监理单位应当依照施工图设计文件和工程建设强制性标准实施监理。

（4）竣工验收时，应对工程是否符合抗震设防要求、抗震设施的施工是否符合设计要求进行查验。

6.6 国内外借鉴：交通系统震后修复与重建技术研究与经验

6.6.1 震后道路恢复与重建技术经验

地震是难以避免的自然灾害，如何采取适当的地震对策，以减轻地震灾害的影响是人们十分关注的问题。为此许多地震多发国家一直致力于防灾减灾对策的研究工作，在抗震救灾的实践中积累了许多值得重视的经验教训。

道路交通系统作为城镇生命线工程系统的重要组成部分，在人们的社会生活和经济运行中发挥着越来越重要的作用。地震时，道路系统一旦失去功能，将会对居民的正常生活和经济运行造成严重的影响。尤其在震后，道路系统是向灾区输送紧急救援人员和修复、重建工程所需物资的大动脉，具有极其重要的作用。

目前，我国有关地震灾后道路系统恢复和重建经验的资料和系统研究较少。

1. 日本

日本是地震、海洋、火山灾害多发的国家，据统计，全球每年有10％的地震发生在日本及其周边地区。因此，在众多防灾工作中，日本尤其重视预防和应对随时可能发生的地震，对震后对策积累了宝贵的经验和实践知识。借鉴日本震后恢复与重建方面的经验，对我国灾后恢复与重建工作、减轻地震灾害所带来的损失具有现实的指导意义。

日本早在1951年就出台了《灾害对策基本法》，通过法律明确政府、地方行政当局各个部门的职责，并建立了必要的防灾体制。

1995年阪神大地震给日本造成重大的人员伤亡和经济损失，在这场地震中城市交通基础设施受到严重破坏，暴露出交通系统和建筑物抗震的薄弱环节。在艰辛漫长的震后重建工作中，日本政府开始重新审视以往的地震防灾体系，尤其重视依据法律对灾害危机进行管理以及实施灾后重建工作。对相关法律、法规体系进行修订完善，强化防灾体系，使各项防灾活动法律化、规范化，为灾害预防、灾害紧急对应、灾后重建等各种活动提供了法律依据。与此同时，政府加大对国民防灾意识和生存能力的宣传教育力度，高度重视灾后心理重建工作。

在分阶段实施灾后重建工程中，日本政府组织专业机构对灾区的交通设施、生活基础设施等的受损情况进行调查，对住宅、城市规划、产业复兴等提出对策建议，制定灾民住房、公路、铁路和港湾等基础设施建设的重建计划。

(1) 修复阶段划分

在道路系统的恢复与重建方面日本将灾后道路系统的恢复与重建工作分为三个阶段。

1) 第一阶段：掌握道路系统遭受地震破坏的基本情况以及可能产生的次生灾害，并根据紧急调查和危害程度确定恢复对策和紧急应对措施；包括紧急调查、受灾情况的初步判断和采取相应的紧急措施。

2) 第二阶段：在略为详细的应急调查的基础上，为确保震后紧急运输的需求和防止大规模次生灾害的发生，采取应急修复。在确定基本恢复任务的同时，根据次生灾害的危险性、道路的重要性、应急修复的难易程度，判断是否需要进行应急修复。在必须进行应急修复的情况下，确定应急修复的优先顺序和修复标准，并采取适当的修复方法进行应急修复，以保证交通系统的连通性和适当的可靠性。

3) 第三阶段：为基本修复阶段，以恢复居民的正常生活和生产活动为主。考虑一般的交通运输的需求和修复工作，处理震后的混乱，并开始恢复居民的正常生活和生产活动，同时，尚应进行基本修复的调查，以便进行基本修复工作。

(2) 制定修复计划

震后修复计划的制定需综合考虑不同修复阶段对交通系统的需求，包括震后灭火、抢险救援、医疗、引导避难、预防水灾和临时供水、救援人员和物资的运输、各种生命线工程设施的调查与修复措施等。

(3) 开展调查评价

为满足不同阶段的修复工作要求，需要对震后破坏情况进行调查评价（分紧急调查、应急调查、基本调查）。道路调查评价主要内容包括道路设施破坏的状况和程度、产生次生灾害的可能性、次生灾害的影响程度、应急修复开始的制约条件、应急修复结束的限制条件等。

（4）采取交通管制措施

震后道路通行管制措施在考虑受灾的形式、周围地区的特点、震害规模和范围、修复工作的不同阶段等多种情况后确定；包括：刚发生地震后的限制；部分修复阶段的限制和其他需求的限制等。

2. 中国台湾

中国台湾省和祖国大陆许多地区一样，也是地震多发区。1999 年 9 月 21 日，台湾南投县集集镇发生 7.6 级大地震，是台湾岛近百年来发生的最大的一次地震。地震使地区交通路网严重毁损，道路、桥梁等交通基础设施受到严重破坏，导致区域间的联络干道受阻无法通行，不仅无法有效提供紧急救援车辆通行所需，更无法满足平常的交通出行需要。台湾总结"9.21"震灾的经验教训，值得我们在防震减灾工作中借鉴。

（1）贯彻执行预防为主、防御与救助相结合的方针，是保障民众生命财产安全和顺利进行经济建设，减轻地震灾害的根本保证。

（2）加强人口稠密、经济发达地区，特别是大中城市的防震减灾工作，是整个防震减灾工作的重中之重。

（3）加强各类重大建筑物，特别是生命线系统工程和高新科技设施的抗震设防，确保建筑设计、施工和材料的质量，是减少人员伤亡和经济损失的关键措施。

（4）加强地震应急、救助技术装备的研制、开发、应用和储备工作，既是目前最薄弱的环节，也是极其重要的实用应急救灾手段。

（5）加强地震知识和防震减灾知识的科普宣传工作，是提高全民防震减灾意识和能力的有效措施。

在道路交通系统方面，其恢复和重建经验总结如下：

（1）**紧急抢通与修复策略**

地震灾后道路的紧急抢通与修复策略分为短期、中期及长期策略。

1）短期策略为对受阻的道路提供替代路线或予以紧急抢通，供救灾或抢修机具、车辆通行，必要时可依道路抢修情况采取减少车道或限速、限重等措施通行。

2）中期策略为正式复建，在评估各路段的受损程度及灾损原因后，依工期、经费、社会经济需求等考虑选择适当的复建方法，恢复道路原有功能。

3）长期策略则为平时的养护、监测、补强。各公路管理单位应在平时建立救灾资源资料库，储备相关材料，调派备用机具，做好应急方案，以降低道路灾变的损害风险，提升公路紧急抢修的应变能力，并迅速恢复震后公路的交通功能，降低公路灾害对社会经济的影响。

（2）**修复阶段**

道路震后的抢通与修复分为三阶段：

1）第一阶段包括紧急调查、紧急措施。其基本原则为在最短时间内确保主要交通干线的顺畅，以利救援物资与人员的运送，并防止灾害持续扩大或次生灾害。

调查重点为道路损害程度及确认道路是否可安全通行，并立即判断应采取的紧急措施（如禁止通行或限制通行等）。

2) 第二阶段包括快速诊断，快速修复补强。其目的为掌握所有公路的受灾状况，进行抢修与结构机能的恢复，以利整体交通干线的通达。

快速诊断的首要目的为进一步了解道路受灾现状，并持续掌握道路破坏程度及进展性，判断是否采取快速修复补强措施，或进一步执行安全检测，尽早实施复建处理对策，以确保交通安全与顺畅。

3) 第三阶段则为安全检测，正式复建。其目的为恢复所有公路在灾前的功能，并确保结构的安全性。该阶段以灾损原因、时间、经费等综合评估后选择合理的复建方法、路线及结构形式，而不应以原貌复旧为原则。

安全检测将补充快速诊断不足的道路破坏资料，取得完整量化资料，以进一步掌握道路现况、灾损原因、破坏范围及正式复建设计所需的参数，并评估正式复建处理对策的必要性及紧急性。

台湾9.21地震后，相关研究机构对地震防灾交通系统进行了系统的专题研究。研究认为震后灾区应建立一套完整的交通管理系统，在普遍交通路网受损时，应尽可能维持较高的道路网的运行功能；并提出在研究道路网系统时应强化路网的抗震性、替代性、互补性、依赖性以及重要通道的保通性和易于修复性，使整体交通应急系统更具有迅速性、弹性、交叉支援性和可行性。

3. 其他国家和地区

美国在城市应急事件处理方面不仅有完善的法规如"联邦应急计划"，而且有总的协调管理部门。常设机构"联邦紧急事务管理局"，是一个总体协调管理部门，能在危急事件发生后协调全国各部门，跨机构、跨地域统一行动。该部门于1979年4月成立，平时该机构主要做救援培训的工作。美国的"联邦应急计划"，最早发布于1992年，并在1999年4月进行了修订，2003年正式启动，几经修改后，目前已作为联邦政府应对灾难事件的基本法规。

伊朗处在活跃的地震带上，近年来伊朗发生的最严重地震是2003年12月26日的巴姆地震，有3.1万人丧生，约占该城人口的1/4。伊朗发生地震灾害后紧急投入救灾的机构包括伊朗红新月会、消防队、军队、民兵和当地救援组织，所有这些机构均由紧急事务委员会统一指挥。伊朗平时比较重视地震的教育和研究工作；按规定，伊朗全国的中小学每年都要举行为期一天或两天的应对地震灾害的培训活动，深入了解有关地震的理论和实践知识。伊朗的大学和研究机构也定期组织有关教授、专家和学者进行地震领域的交流与合作。

2005年10月8日，巴基斯坦发生里氏7.6级大地震，震中位于首都伊斯兰堡东北90多km处的山区，地震波及巴基斯坦大部分地区以及印度和阿富汗部分地区。地震发生后，巴基斯坦政府迅速采取措施积极应对，包括：立即向灾区派出军队，为抗震救灾赢得时间；最大限度地利用直升机开展救援工作；大地震发生后，灾区陆路交通和通信全部中断，外界救援人员和物资无法抵达灾区，大量直升机投入救援减少了地震造成的损失；充分利用国际援助，让国际社会了解灾区情况，通过国际媒体向全世界发出呼吁，使多国救援队、联合国机构、非政府组织等，纷纷前往地震灾区协助救援。

4. 总结

总结日本、中国台湾、美国、伊朗、巴基斯坦等国家和地区地震灾后恢复与重建经验可以看出：地震作为目前诸多城镇灾害中的一种，和其他城镇灾害一样，各国对地震灾后的恢复和重建都列入了国家的法律、法规以及相关条例中，并在逐步加强；同时通过不同方式和渠道，加强对国民防灾意识的教育；在灾后恢复和重建中重视防灾规划，增强城镇对各种灾害的抵御能力。

就我国城镇道路交通系统而言，在规划阶段应从城镇整体路网出发，考虑路网整体系统的弹性、通达性和替代性；在恢复和重建阶段应结合不同阶段的交通需求，制定相应的恢复和重建计划。

6.6.2 震后桥梁修复与重建技术及研究

国外发生的大地震使各国不断地推动对抗御地震、减灾防灾的研究，科学合理的结构抗震减震设计与抗震构造措施的研究和实施，有效地减轻了地震的灾害，调查与研究桥梁的震害，建立正确的抗震设计方法，采取科学有效的抗震措施是桥梁修复、重建的重要环节。

1971年美国圣费南多（San Fernando）发生里氏6.7级地震，震源深度约为13km，地震震级虽不高，但极震区（烈度Ⅷ～Ⅺ度）发生了很大的地面变形和强烈的地面运动，导致桥梁倒塌以及生命线工程的毁坏，两座互通式立交工程严重倒塌毁坏。

1989年美国洛马·普里埃塔（Loma Prieta）一个中等强度地震（7.0级），导致了桥梁破坏，这次地震给予人们非常沉痛的教训，是位于Ⅻ度区的大量城市高架桥的严重破坏与塌落导致现代化城市经济重大损失。

1994年美国诺斯雷奇（Northridge）地震，也是一个中等强度地震（6.7级），但地震发生在人口密集的现代化大城市区域，造成洛杉矶高速公路上多座桥梁塌毁，导致重要的运输系统切断，公用事业及生命线工程普遍损坏，特别是七座桥梁（包括一座立交枢纽）的坍塌与部分倒毁，造成巨大的经济损失。

1995年日本阪神（Kobe）地震（7.2级），同样造成大量高速公路、高速铁路桥隧破坏，使经济遭受巨大损失。

1. 国外震害应对

地震造成桥梁破坏的后果使人们认识到城市桥梁抗震对策应重新研讨，以下应对措施可以借鉴。

（1）各国政府在大地震以后都非常重视对桥梁结构抗震性能评估及其加固技术的研究。

（2）对于交通问题不仅仅研究单体结构物的抗震，而应发展为城市综合抗震，应当体现在地震区形成震后出入通道的网络及地震生命线通道的特点及重要性方面。

（3）研究桥梁震后破坏特点，不断完善抗震设计方法和抗震构造措施。

（4）重视减震、耗能技术在结构抗震中的应用。

2. 注重标准研究及修订

美国和日本非常重视地震灾后对规范的重新审视与修编。日本在阪神地震后，基于对震灾的调查和研究，重新编写了桥梁、道路方面的抗震设计规范，并于1996年颁布实施；

美国也相继在联邦公路局（FHWA）和加州交通部（CALTRANS）等的资助下开展了一系列与桥梁抗震设计规范修订有关的研究工作，已经完成了 ATC-18、ATC-32、ATC-40 和 ATC-55、FEMA273/274 及 FEMA-356 等研究报告和技术指南。当前世界上主要桥梁抗震设计规范制定的基本思想和设计准则如表 6-16 所示。

桥梁抗震设计规范制定的基本思想和设计准则 表 6-16

规范名称	基本思想和设计准则
AASHTO	在小、中震作用下，结构构件应保持在弹性范围内，不发生大的破坏；在大震作用下桥梁结构不发生部分或整体倒塌；可能的情况下，破坏应出现在易于检测和修复的部位
加州交通厅 Caltrans	在最大可信地震作用下，桥梁可以发生大的破坏，但应该出现在易于检测和维修的部位。在发生频度很高的小、中震作用下，桥梁结构不发生大的破坏
ATC-32	功能评估地震：(1)最小性能水平，即时可修复的破坏；(2)重要桥梁性能水平，即时的最小破坏 安全评估地震：(1)最小性能水平，有限的重大破坏；(2)重要桥梁性能水平，即时可修复的破坏
NZ 新西兰	遭受比设计水平小的地震后，损坏应当很小并且不应导致交通的中断；遭受设计水平的地震后，可以出现损坏并且需要一些临时的修复，但桥梁可以供紧急通车使用，并且损坏的修复应当是可行和合理的；遭受比设计水平大的地震后，桥梁不应倒塌，但可以发生严重的破坏；桥梁经过紧急修复后可重新使用，但只允许轻载过桥
EC8 欧洲	安全极限状态：设计地震出现后，桥梁应保持其结构的完整性和适度的残余抗力，允许桥梁的部分构件发生重大破坏；易于破坏构件的设计应使得由于它们的耗能作用保证了结构在震后仍有紧急交通功能，并且易于检测与维修；允许在墩中指定的断面出现弯曲屈服，且在高地震活动性的地区是必需的，以达到削减设计地震作用的目的；防止主梁或桥面板由于过大的位移而发生落梁。使用极限状态：在桥梁的设计基准期内，当高概率的地震出现后，专门设计用来在设计地震下进行耗能的桥梁构件只能发生极小的破坏，不导致交通量的减小，不需要立即的维修
Japan 日本	对于 A 类桥，要求在设计基准期内在大概率地震作用下，桥梁不产生严重的破坏；对于 B 类桥，在设计基准期内在大概率地震作用下，不出现损害桥梁整体性的破坏；在小概率地震作用下，桥梁仅产生有限的破坏

当前主要国家桥梁抗震设计规范的基本思想和设计准则是：设计地震作用分为两个等级，即功能设计地震和安全设计地震。虽然各规范使用的名词不同，但其思想是基本一致的。功能设计地震具有较大的发生概率，安全设计地震具有很小的发生概率。在功能设计地震作用下，桥梁结构只允许发生十分轻微的破坏，不影响正常的交通，不经修复也可以继续使用；在安全设计地震的作用下，允许桥梁结构发生较大的破坏，但不允许发生整体破坏，如倒塌、落梁等。欧洲规范对此规定的最清楚、具体。

各国桥梁规范主要有 4 种计算地震反应的方法，即等效静力法、线性（弹性）动力法、非线性静力法和非线性动力法。其中等效静力法和弹性动力法是目前规范中广泛应用的方法，非线性静力主要用来确定结构的倒塌机制等，具体地震反应分析方法见表 6-17。

地震反应分析、计算方法 表 6-17

规范名称	等效静力	弹性动力	非线性静力	非线性动力
AASHTO	规则桥可以使用	基本方法	未要求	非规则或重要结构
加州交通厅 Caltrans	一致侧向荷载，特别是对限位装置的设计	多振型反应分析	1993 年未要求；1999 年用于位移分析	无此条款
ATC-32	荷载与质量或质量乘位移的积成正比	多振型反应谱分析	3-D 增量推覆分析与恒载和部分活载组合	特别情况，可以用推覆分析代替

续表

规范名称	等效静力	弹性动力	非线性静力	非线性动力
NZ 新西兰	用于所有规则结构,考虑偶然扭转	未使用	不使用,但用于倒塌机制分析	单自由度或多振型非弹性反应谱分析
EC8 欧洲	规则桥梁	多振型反应谱分析	延性结构要求能力设计	允许使用,但除隔振桥梁外,结果不能低于由弹性反应谱分析得到的需求值
Japan 日本	可简化为简单计算模型的桥梁	复杂结构	无此条款	复杂结构

3. 抗震设计发展方向

（1）抗震设防标准

国外抗震设防正在由单一的地震作用水平向多水准、多设防目标进行转化。小震不坏；中震发生有限的结构或非结构构件破坏；大震发生结构和非结构构件的破坏，但不产生严重的人员伤亡。

（2）延性和位移设计

大量的桥梁破坏实例表明，其破坏的主要原因为结构延性不足。20 世纪 90 年代以来，国际上（特别是美国和日本）对基于延性、位移的设计的研究工作给予了很大的重视。1998 年美国地震工程研究中心（EERC）给联邦应急管理厅（Federal Emergency Management Agency，FEMA）提出了一份关于深入研究建筑工程抗震性能设计的执行计划，其中与技术有关的内容主要包括：抗震性能指标的确定，各种性能的界限；危险性估计和结构可靠度；结构分析和设计方法，其中包括模型参数的确定，性能参数的识别，开发抗震设计软件和不确定性分析；结构构件和系统性能的定量化；全局和局部形态的关系；现有结构的性能改造；非结构构件的性能参数；改善结构抗震性能的新方法；岩土工程和地基基础性能的定量化等。

（3）减、隔震及耗能设计

为使桥梁结构在地震中幸存，结构须通过减震机制或通过非弹性变形来耗散这些输入的能量。桥梁结构减、隔震及耗能技术经过数十年的研究和开发后，已经逐渐进入实用阶段，主要地震国家的桥梁抗震设计规范中对这些技术的应用已有了相应的条款，在未来的桥梁结构抗震设计规范中将会作出更加细致和具体的设计要求。

（4）构造细节及抗震设施

桥梁结构抗震设计中有许多问题目前还不能完全通过定量化方法加以解决，因此根据震害经验、概念设计和定性研究的结果提出构造细节方面的要求，采用有效的抗震设施，降低地震造成的破坏。美、欧、日本等国家的桥梁结构抗震设计规范和准则对此都十分重视。

第7章 通信系统

7.1 技术总则

（1）本手册所述及的通信系统设备主要是构建"生命线工程"所必需的基础通信能力，支持抢险救灾所需要的应急通信，以及支持灾后通信系统的重建工作。

（2）本手册所述及的通信系统的修复与重建过程需要遵循《国家通信保障应急预案》（2011年12月10日修订）等法律和行政规定。

（3）通信系统及其相关设施包括构建通信系统的所有通信设备、通信线路及相关的建（构）筑物。

（4）通信系统相关设施包括通信设备安装空间及相关设施：放置通信设备的通信机房（站）空间、电力系统、环境监控、空调系统、备用发电机、备用电池、设置铁塔及天线的基座及其配送电线路的建（构）筑物和相关的通信辅助设施。

（5）通信设备包括通信运营设备、网管设备、传输设备、交换设备、数据设备、时钟基准设备、基站、光缆和各种通信线缆及其相应的电气装置和连接导体等设施。

（6）本手册所述及的通信设施修复、加固及重建的抗震设防烈度必须遵循调整后的《中国地震动参数区划图》GB 18306—2015规定的地震基本烈度。

（7）按照本手册进行修复、加固及重建的通信设施，当遭受到相当于设防烈度及以下的地震影响时，不受损坏，或经过简单维护后仍可继续使用；当遭受到高于设防烈度预估的罕遇地震影响时，不致严重损坏，经修理后即可恢复使用。

（8）按照本手册进行修复、加固及重建的通信设施的建筑物和构筑物，当遭受到低于本地区设防烈度的多遇地震影响时，不受损坏或不需修理仍可继续使用；当遭受到相当于本地区设防烈度的地震影响时，可能损坏，但经修理或不需修理仍可继续使用；当遭受到高于本地区设防烈度预估的罕遇地震影响时，不致倒塌或危害生命或造成使通信设施不可修复的严重破坏。

7.2 通信系统建（构）筑物的修复与重建技术

7.2.1 主要分类

通信系统建（构）筑物应根据其抗震的重要性和特点分为关键机构通信系统设施和一般通信系统设施。

通信系统中的建（构）筑物根据其重要性可分为三类，并应符合下列规定：

（1）关键机构通信系统设施中的主要建（构）筑物为一类建筑物。

（2）一般通信系统设施中的主要建（构）筑物和有连续运行设备的建（构）筑物以及公用建筑物重要材料库为二类建筑物。

（3）一类、二类以外的建筑物的次要建筑物等为三类建筑物。

7.2.2 烈度要求

通信系统设施建（构）筑物鉴定、修复和加固时的抗震设防烈度应采用修正后的《中国地震动参数区划图》GB 18306—2015规定的地震基本烈度。重要通信设施中的电气设施应按设防烈度提高1度，但设防烈度为9度时不再提高。

7.2.3 安全性鉴定

建（构）筑物的安全性等级评定包括震后现场应急评定、震后恢复重建阶段安全性评定。震后现场应急评定主要为地震发生后救援阶段临时安置通信设备而进行的评定，震后恢复重建阶段安全性评定主要为重建、恢复正常通信而进行的评定，属常规的建（构）筑物安全性评定。

1. 受灾建筑安全性评估的必要性

在第一阶段的震后建（构）筑物应急危险度评定中，主要依靠技术人员的经验以及简单便携的测试工具和仪器，很短时间内（几十分钟到一小时）对建（构）筑物进行快速的危险度评价，因此，可以满足在震后对建（构）筑物的快速评定要求。

震后现场应急评定方法是，以目测或借助简单的工具进行现场调查后，直接给出建（构）筑物的安全性等级，并提出相应的处理建议。见表7-1。

（1）现场调查。主要观察地震后建（构）筑物是否倾斜，主要构件的变形，地震后建（构）筑物的损坏程度，建（构）筑物抗震关键部位情况。

（2）安全性等级。建（构）筑物的安全性等级可分为基本完好、轻微破坏、中等破坏、严重破坏和倒塌五级。

（3）处理方法。根据建（构）筑物的安全性等级可采用继续使用、应急加固处理维修后继续使用和禁止使用（或拆除重建）三种处理方法。

震后现场应急评定 表7-1

等级	建（构）筑物状况描述	处理方法
基本完好	承重构件完好无损，个别非承重构件有轻微破坏	继续使用
轻微破坏	个别承重构件出现可见裂缝，非承重构件有明显裂缝	简单维修后继续使用
中等破坏	多数承重构件出现轻微裂缝，部分有明显裂缝。个别非承重构件破坏严重	应急加固与维修后继续使用
严重破坏	多数承重构件破坏严重或局部倒塌	禁止使用（或拆除重建）
倒塌	多数承重构件破坏严重，濒于崩溃或已倒塌	禁止使用（或拆除重建）

震后现场应急评定可由具备丰富土建工程经验的专业人员完成，但在进行应急评定前必须经过相关的技术培训。

恢复重建阶段需要针对应急评定阶段的结果，对可以维修加固使用的建（构）筑物进行详细的调查和鉴定。对于第一阶段判定为禁止使用的"严重破坏"建（构）筑物进行仔细评判，若估算加固修复费用过高，则建议拆除。

2. 人员资质要求

震后恢复重建阶段的建（构）筑物安全性评定是一项具有相当技术含量的工作，需委托具有相应资质的检测鉴定机构、研究院所、高校或设计单位进行。

由住房和城乡建设部及电信运营相关部门组织有关专家成立受灾建（构）筑物安全性评估专家组。专家组具体负责受灾建筑安全性评估工作。包括检测技术人员资质审查、检测机构资质审查、最终检测评定报告的抽查和管理、检测数据的统计与上报。由于受灾面积范围过大，可能具有资质的检测人员数量不足，由专家组组织，对那些具有工程经验但没有资质证书的工程技术人员进行短期的上岗培训，然后发给上岗证书。

3. 评估过程

建（构）筑物建筑安全性评定所需进行的工作包括建（构）筑物现状调查与检测、安全性等级评定、建筑抗震鉴定，给出相应的结论与处理建议（见表7-2）。过程如下：

需结合图纸资料对建（构）筑物结构进行全面的检查，由建（构）筑物检测技术人员严格按照建（构）筑物质量检测相关规程或规定进行操作，并借助于专门的仪器设备进行结构检测，包括现场测试以及现场取样的试验室检测。

根据现状调查与检测结果，按承载能力、构造措施、不适于继续承载的变形与裂缝，进行安全性等级评定并给出相应的处理建议。

建（构）筑物的建筑安全性分为Ⅰ、Ⅱ、Ⅲ、Ⅳ四级。

建（构）筑物建筑安全性评定　　　　表7-2

等级	建（构）筑物状况描述	处理方法
Ⅰ	不影响整体承载	极少数一般构件应采取措施
Ⅱ	不显著影响整体承载	极少数构件应采取措施
Ⅲ	显著影响整体承载	应采取措施，少数构件必须立即采取措施
Ⅳ	严重影响整体承载	必须立即采取措施

结构的抗震鉴定应该以国家最新调整的该地区地震设防烈度为依据进行。根据各类建筑结构的特点、结构布置、构造和抗震承载力等因素，进行以宏观控制和构造鉴定为主的第一级鉴定、以抗震验算为主结合构造影响的第二级鉴定。不符合抗震鉴定要求的建（构）筑物必须进行抗震加固。

地震区的结构安全性鉴定和抗震鉴定完成后应综合考虑，对结构或结构构件进行相应处理。根据其不符合鉴定要求的程度、部位对结构整体安全性和抗震性能影响的大小，以及有关的非抗震缺陷等实际情况，结合使用要求、城市规划和加固难易等因素的分析，通过技术经济比较，提出相应的维修、加固、改造或更新等抗震减灾对策。

7.2.4 修复与加固技术

1. 基本要求

震后通信系统设施建（构）筑物的修复和抗震加固改造应根据国家调整后的建（构）筑物所在地设防基本烈度进行相关工作。根据安全性评估结果，按通信设施建（构）筑物重要性和抗震等级，提出震后修复加固水准。针对不同结构类型采取相应的加固技术，使结构加固达到既确保安全，又经济合理。

2. 人员资质要求

震后建（构）筑物的修复和抗震加固改造应由具有相关资质的机构和技术人员来承担。相关机构和技术人员的资质要通过相关建设部门的审查。

3. 修复与加固改造原则

对于基本完好或轻微破坏的建（构）筑物，如果建（构）筑物所在地区的抗震设防烈度没有调整，则经过简单修护后，可以使用；如果建（构）筑物所在地区的抗震设防烈度已经调整，则应该按照调整后的设防基本烈度进行相关评估，采取对应的修复或加固改造措施。

对于中等破坏的建（构）筑物，根据调整后的设防烈度，必须采取技术可行、经济合理的修复与加固改造方法。

对于严重破坏的建（构）筑物，根据破坏程度以及按照调整后的设防烈度进行修复与加固改造费用的估算，确认没有加固改造价值的，建议拆除；可以加固改造后使用的，必须采取切实可行的加固改造方法。

震后建（构）筑物类型可分为砖混结构、钢筋混凝土结构和钢结构三类。

由通信设备运营商对其所辖通信设施，或会同政府委派的相关人员和通信设施相关的业主协商，根据建（构）筑物类型以及破坏程度，结合使用要求、城市规划和加固难易等因素的分析，通过技术经济比较，提出相应的维修、加固、改造或更新等具体对策。

具体加固方法可参照《地震灾后建筑物修复加固与重建技术手册》。

7.2.5 重建技术

1. 总体建设思路

（1）通信系统建（构）筑物建设要满足运营需要，引进现代化企业管理理念，创造高效率、降低运营成本。应优先保障运营需要，合理安排支撑系统用房建设，严格控制管理用房规模和标准。

（2）充分利用现有机房及土地（包括非上市公司土地）资源，统筹规划，合理布局，有效提高利用率，把握土建项目新建时机，提高投资效益。

（3）严禁建设城市标志性建筑，并应注重节能、环保。

2. 规划布局原则

（1）通信机房、支撑系统用房和管理用房等土建项目建设须统筹规划、合理布局、分步实施。

（2）应采用多层建筑，大开间布置。在重点机房或其他抗震等级较高情况下，可以合理减小开间跨度。

（3）通信机房建设要适度超前，确保通信网络和业务发展；支撑系统用房建设要合理安排，为集中化管理和高质量的客户服务提供保障；管理用房建设要严格控制规模和标准，厉行高效、节约。

（4）为充分体现现代化企业的理念，提高土地利用率，避免资源浪费，方便解决传输、电源等设施，在条件允许的情况下，通信机房、支撑系统用房和管理用房宜同址建设。

3. 选址原则

（1）通信系统建（构）筑物场地应选择在对抗震有利的地段，避开对抗震不利和危险的地段。当抗震设防烈度为 9 度时，重要通信系统建（构）筑物宜建在硬场地的地区。

（2）通信系统建（构）筑物应避开地震时可能发生崩塌、大面积滑坡、泥石流、地裂和错位的危险地段。

（3）通信系统建（构）筑物应根据所在地区的地质和地形，选择对抗震有利的地段进行布置，避开不利地段。

（4）在高挡土墙、高边坡的上、下平台上布置通信系统建（构）筑物时，应根据其重要性，适当增加通信系统建（构）筑物至挡土墙或边坡的距离。

（5）通信中心的主机房、办公楼、营运中心或营运网点建筑、食堂等人员密集的建筑物，其建筑物主要出入口应设置安全通道，其附近应有疏散场地，道路宽度不得小于 4m，道路边缘至建筑物的距离应满足地震时路面不致被散落物阻塞的要求。

（6）通信系统建（构）筑物水准基点的布置应避开对抗震不利地段。

（7）依据相关规范要求，在满足网络发展和安全的前提下，通信系统建（构）筑物项目用地应优先在交通便利、电力供应充足等基础设施条件较好的城市开发新区、城郊或城市边缘地带选址，慎重考虑在市中心、商业区等繁华地区选址。通信机房选址还应满足《电信专用房屋设计规范》YD/T 5003—2005 的要求。

7.3 建（构）筑物及主要通信设备的隔震改造修复技术

7.3.1 隔震技术的优点及其分类

隔震即在建（构）筑物或设备的基底或某个位置设置隔震装置以避免或减少地震能量向上部结构的传输，使结构振动反应减轻，降低上部建（构）筑物或设备的惯性力，从而保障建（构）筑物或设备的安全。随着科技发展，这种技术越来越受到人们的重视。隔震技术能有效地吸收地震能量，减少结构的水平地震作用，从而消除或减轻结构和非结构的地震损坏，增强建筑物及内部设施或设备和人员的地震安全性，提高建筑物或设备的抗震能力。

与一般的建筑结构抗震设计相比，采用隔震技术的建筑物具有以下优点：

（1）提高地震时结构的安全性；

（2）设计自由度增大；

（3）防止内部物品的振动移动和翻倒；

（4）防止非结构构件的破坏；

（5）抑制振动的不适感；

（6）可以保证机械器具的使用功能。

7.3.2 隔震改造修复技术

1. 基础隔震

在通信系统建（构）筑物及主要通信设备的基底设置隔震装置。

（1）隔震器

1) 橡胶支座

它是由多层橡胶和钢板相互叠加而成，在施加竖向荷载时，由于橡胶受到钢板的约束，不会产生很大的横向变形，即具有很强的抗压能力；水平方向有很大的变形能力，在地震作用下，橡胶垫可以隔离水平方向的运动分量。

2) 铅心橡胶垫

它是对橡胶支座的一大改进。在橡胶支座中心钻孔，插入一个铅芯，利用其塑性变形能力把支座的临界阻尼从3%增加到10%～15%。因此，在低阻尼要求的情况下，可以不使用阻尼器。

3) 柔性桩结构

它是采用立在套管中的桩来隔震，桩顶铰接，使桩在水平方向有一定的柔性，套管和桩之间有一定的间隙，使桩可以在套管中变位，将结构与可能发生有害地震的土层分开。当桩顶安置阻尼器时，可构成有效的隔震基础系统。

（2）阻尼器

1) 油阻尼器

它是比较理想的阻尼材料。根据流体动力学理论可以设计各种形式的油阻尼器。所采用的油材料很多，通常有硅油、机械油、柴油机油、变压器油等。在设置时，一般不少于四个，对称布置在基础的四角，避免在体系质心的坐标轴线上布置阻尼器。

2) 摩擦阻尼器

将几块钢板用高强螺栓连在一起，可做成摩擦阻尼器。通过调节高强螺栓的预应力，就可调节钢板间摩擦力的大小。通过对钢板表面进行处理或加垫特殊摩擦材料，可以改善阻尼器的往复摩擦性能。

3) 弹塑性阻尼器

低碳钢具有良好的塑性变形性能，可在超过屈服应变几十倍的塑性应变上下往复变形数百次而不断裂。根据需要，可以将钢板（棒）弯成各种形状做成阻尼器。

2. 悬挂隔震

悬挂隔震即将结构的全部或大部分质量悬挂起来，使地震动传递不到主体质量上，产生较小的惯性力，从而起到隔震作用。悬挂结构在桥梁、火电厂锅炉架等方面有大量应用。悬挂结构悬杆受力较大，须采用高强钢，而高强钢韧性差，在竖向地震作用下易拉断。为减小竖向地震作用，可在吊点设减震弹簧，并配合使用阻尼器。

7.3.3 隔震改造修复注意事项

（1）隔震技术使用

通信机房、室外建筑和运营场所的设备可考虑采用隔震技术。

（2）隔震实际上会使原有结构的固有周期延长，在下列情况下不宜采用隔震设计：

1) 基础土层不稳定；
2) 下部结构变性大，原有结构的固有周期比较长；
3) 位于软弱场地，延长周期可能引起共振；
4) 制作中出现负反力。

（3）隔震装置必须具有足够的初始刚度，这样能满足正常使用要求。当强震发生时，装置柔性消震，体系进入消能状态。

（4）隔震装置能使结构在基础面上柔性滑动，在地震发生时这样必然会产生很大的位移。为降低结构的位移反应，隔震装置应提供较大的阻尼，具有较大的消能能力。

7.4 通信系统设备的修复与重建技术

通信系统设备分为无线和有线两种。

其中，无线通信系统设备的修复与重建技术可参照有线通信系统设备的修复与重建技术进行，在修复和重建工作中也要考虑采用小区援助、调整通信质量等技术保障手段，其与有线通信在设备组成方面主要差别在于大量的基站设施和不同的时钟系统。下面以有线通信设备为主要对象分析。

7.4.1 通信系统设备组成

有线通信系统属于系统性的复杂结构，为了支持"生命线工程"所必需的基础通信能力，支持抢险救灾所需要的应急通信功能，以及灾后通信系统的重建工作。本手册将有线通信系统划分为有线通信内部基础系统和有线通信外部辅助系统；有线通信内部基础系统由直接实现通信业务及其业务支撑的通信设备组成；有线通信外部辅助系统由支持通信正常工作所必备的供电、环境保障和监控设备组成。

有线通信内部基础系统依据其可能的受灾影响分为室外有线通信设备和室内有线通信设备组成；室外有线通信设备主要指通信网铺设在通信机房外的电缆、光纤、其他相关线缆资源，线缆和微波中继设备，供电和环境监控设备的室外部分，其线缆和中继设备也影响有线通信系统；室内有线通信设备主要指通信网在通信机房内部的传输、交换、业务、网络管理、BITS时钟、呼叫中心、运营系统、应急通信指挥中心的关键设备。

7.4.2 故障分类

《国家通信保障应急预案》（2011年12月10日修订）按影响范围，将通信预警划分为特别严重（Ⅰ级）、严重（Ⅱ级）、较严重（Ⅲ级）和一般（Ⅳ级）四个等级，依次标为红色、橙色、黄色和蓝色。而依据自然灾害对有线通信的影响方式和有线通信系统设备故障对通信系统的影响，其故障可分为：

有线通信内部基础系统故障，主要有：通信线缆损毁、通信核心设备的硬件或数据损毁；

有线通信外部辅助系统故障，主要有：供电设备、环境保障和监控设备的损毁；

有线通信室外设备故障，主要有：通信线缆损毁、中继设备硬件或数据损毁；

有线通信室内设备故障,主要有:机房内的主要通信设备硬件或软件损毁、设备之间的线缆损毁。

7.4.3 故障检测、隔离和修复

有线通信设备故障检测、隔离和修复是实现通信保障的技术基础。通信网络的维护是贯穿有线通信网络生命周期的工作。在网络设计初期就需要权衡系统投资与容灾能力,而故障检测技术手段支持了通信网络容灾能力。其技术主要有:

网络容灾备份对关键的通信线缆和设备采用多种备份技术:1+1、N+1冗余,设备内部、设备之间备份;

采用先进的在线检测和隔离技术,通过测线技术检测线路故障,通过设备或网络的监控系统检测设备故障;对故障设备分别进行备份倒换或降级使用等故障隔离和重构措施。重要设备的倒换过程要保障数据不丢失,也要支持设备或其部件的在线更换。

7.4.4 通信线缆修复、加固与重建技术

1. 震害故障分类

(1) 因地震等引起的山体滑坡、场地液化以及不均匀沉降引发的故障;
(2) 因地震断层地表破裂、地面变形引发的故障;
(3) 因线缆塔杆结构抗震设计不足所引发的故障;
(4) 因地震反应过大,线缆裸露相互接近发生短路、断线等故障。

2. 修复、加固与重建技术

(1) 对于因滑坡、泥石流等灾害造成的受破坏杆塔或线缆管槽,可以采取重建的方法恢复线路运行。为了保持与原线路杆塔或线缆管槽的联系,可调整重建杆塔或线缆管槽的位置,避开易发生次生地质灾害的地段,必要时可采用跨越塔杆。
(2) 对发生断线的线路,在确认杆塔没有受损的情况下,更换受损的线缆。
(3) 对由于地震作用而部分破坏的线路杆塔,在确认基础没有变形并且完整的情况下,可以对受损部分进行修复或加固。
(4) 对角钢结构杆塔,修复或加固可采用替换杆件、外包角钢加固的方法。
(5) 对钢管杆塔,修复和加固可采用替换杆件、局部外加加劲板的方法。
(6) 对有微小裂缝但不影响整体受力性能的钢筋混凝土杆,可以采取外包钢筋网片浇注高强砂浆、外包钢板加固等方法进行加固。
(7) 对于不能进行修复、加固或者修复、加固成本过高的受破坏杆塔,需要进行重建。

7.5 震时保障关键机构通信畅通的相关技术

为保障地震时关键机构的通信畅通,首先要按照《国家通信保障应急预案》(2011年12月10日修订)建立健全关键机构通信保障和通信恢复应急工作机制,提高应对突发事件的组织指挥能力和应急处置能力,保证应急通信指挥调度工作迅速、高效、有序地进

行，满足突发情况下通信保障和通信恢复工作的需要，确保关键机构通信的安全畅通。为实现这一目标可采用以下相关技术。

"应急通信"，特别是"社会应急联动"通信系统，这是借助有线/无线综合通信平台及数字集群调度通信技术建立的一种极有社会价值与现实意义的专用通信系统。

7.5.1 相关标准研究组织

应急通信是指在出现自然的或人为的突发性紧急情况时，综合利用各种通信资源，保障救援、紧急救助和必要通信所需的通信手段和方法，是一种具有暂时性的特殊通信机制。应急通信具有随机性、不确定性、紧急性、灵活性、安全性等特点。国际上许多通信标准化组织都在从事应急通信相关标准的研究。在这些标准化组织中，对通信行业影响比较大的分别是 ITU-R、ITU-T、ETSI、IETF 以及 ATIS。

中国通信标准化协会（CCSA）于 2004 年开始启动应急通信相关标准的研究，内容涉及应急通信综合体系和标准体系、公众通信网支持应急通信的要求、紧急特种业务呼叫等。

7.5.2 应急通信措施

应急通信是为应对自然的或人为的紧急情况而提供的特殊通信机制。应急通信所涉及的紧急情况包括个人紧急情况以及公众紧急情况，不同的紧急情况所采取的通信方式及技术手段不相同。

（1）个人紧急情况指个人在某种情况下其生命或财产受到威胁，通过向应急联动系统报送求助信息以获得救助。如用户遇到紧急情况，拨打 110、119、120 等获得救助。

（2）公众紧急情况包括突发公共事件和突发话务高峰两种情况。

1）突发公共事件通常是一种异常的、危及公共安全的情况，是指突然发生、造成重大人员伤亡、财产损失、生态环境破坏和严重社会危害和公共安全的紧急事件。

2）突发话务高峰与突发公共事件不同，是正常使用但由于话务量大可能导致网络拥塞，导致用户无法正常使用。

（3）当发生水旱、地震、森林草原火灾等自然灾害时，通信网络可能出现两种情况：

1）自然灾害引发通信网络本身出现故障造成通信中断，网络灾后重建。

2）自然灾害发生时，通信网络通过应急手段保障重要通信和指挥通信。

（4）当发生交通运输事故、环境污染等事故灾难或者传染病疫情、食品安全等公共卫生事件时，通信网络首先要通过应急手段保障关键机构通信畅通，如重要机构和指挥机构的通信。

（5）当发生恐怖袭击、经济安全等社会安全事件时，一方面要利用应急手段保证关键机构通信畅通；另一方面要防止恐怖分子或其他非法分子利用通信网络进行恐怖活动或其他危害社会安全的活动。

7.5.3 修复相关技术措施

为确保关键机构通信的安全畅通，可采用以下相关技术：

（1）通信主管部门、运营商首先要按照《国家通信保障应急预案》（2011 年 12 月 10

日修订）的规定，启动预警发布、应急处置等流程，尽快恢复广大公众的通信。

（2）地震时运营商可以采用网络故障恢复、故障定位、网络优化等技术尽快恢复网络，不同运营商之间可以相互借用网络，实现通信资源共享和统一调配，以保证通信系统的正常营运。

（3）当自然灾害发生而通信网络可以正常使用时，需要通过应急手段保障关键机构通信畅通。

（4）利用传统的应急通信技术保障关键机构通信畅通，如卫星通信、集群通信、微波通信等技术。

（5）保障在特殊环境（如沙漠、海洋、边远地区）里常规通信无法覆盖条件下的应急通信联络畅通。

（6）通信终端能够提供不同的接入方式，保证在事发现场能够接入至少一种通信网络。

（7）先进的应急通信技术

Ad Hoc 网络、MESH 网络、平流层通信都是应急通信技术发展的方向。在基础设施毁坏，或突发通信量需求的条件下，上述通信技术可以迅速构建临时通信网络，能够很好地满足抢险救灾的应急通信需求。

（8）多种通信技术融合，通过不同的组合，可以满足不同的应急通信需求。如公众通信网、数字集群、无线传感器、Ad Hoc 自组织、微波、视频会议和视频监控、安全和加密、定位、卫星通信、地理信息系统等多个技术的融合。

7.6 国外借鉴：应急通信系统的建立完善实例

7.6.1 日本的应急通信系统

日本是世界上应急管理最富成效的国家之一，经历了阪神地震、新潟地震等自然灾害后，目前，日本已建立起完善的防灾通信网络，包括中央防灾无线网、防灾互联通信网等，基本依托无线通信技术。

"中央防灾无线网"是日本防灾通信网的"骨架网"。当发生大规模灾害时，或因电信运营商线路中断，或因民众纷纷拨打查询电话而造成通信线路拥塞甚至通信瘫痪时，用这一网络接收与传输来自紧急灾害对策总部、总理官邸、指定行政机关以及指定公共机关的灾害数据。中央防灾无线网由固定通信线路（包含视频传输线路）、卫星通信线路、移动通信线路所构成。

除了"中央防灾无线网"，为解决出现地震、飓风等大规模灾害的现场通信问题，日本政府专门建成了"防灾互联通信网"，可以在现场迅速让警察署、海上保安厅、国土交通厅、消防厅等各防灾相关机关彼此交换各种现场救灾信息，以更有效地进行灾害的救援和指挥。

7.6.2 美国全球空中指挥所系统

该系统主要由美国国家应急空中指挥所、遭核攻击后的指挥控制系统、受领任务并开始行动系统三大部分组成。该系统能在美国国家指挥中心和地面通信设备遭到破坏后为美国国家指挥当局提供备份的指挥控制能力，而且，它也是美军最低限度基本应急通信网的主要组成节点。美军大西洋总部司令、美军太平洋总部司令、驻欧洲美军总司令和战略空军司令部司令分别配置了一个全球空中指挥所飞行中队，而且每架指挥所飞机都能传送发射核武器的命令。

除此之外，美国还部署了 SMARTNET 集群移动通信系统和 MDS 调度系统。前者是由 MOTOROLA 公司生产的模拟集群移动通信系统。SMARTNET 包括 SMARTNET Ⅱ型和 STARSITE 两种集群移动通信系统。SMARTNET 与 STARSITE 的主要区别是系统容量和系统功能不同，但两种集群移动通信系统所采用的先进的微处理技术和电信技术是相同的。SMARTNET 系统可提供单呼、群呼、自动重拨、繁忙排队、回叫、多层优先等级、动态重组、自我诊断、故障弱化等功能，还可在指定信道上实现数据传输。美国 Zed-3 自主研发的"MDS 调度系统"，通过卫星通道、移动通信公司的 GSM、CDMA 等多种通道与指挥中心的平台实现对接，搭建新型的城市突发事件的应急处理系统。针对整个城市，甚至整个区域的这种面积大、移动性强、通信环境不稳定的室外作业，并且通常以专用的应急调度指挥车作为移动指挥平台的城市应急指挥系统情况，Zed-3 推出了基于 IP 网络的 MDS 调度系统，以多接口、多路由的方式来实现对所有区域的调度覆盖，可以与整个城市的通信系统对接，有效地将调度指挥中心的办公区域、固定通信单位、联动单位、移动作业人员和应急指挥车辆整合在一起。

7.6.3 欧盟 e-Risk 系统

欧盟 e-Risk 系统是一个基于卫星通信的网络基础架构，为其成员国实现跨国、跨专业、跨警种、高效及时地处理突发公共事件和自然灾害提供支持服务，该系统于 2000 年建成。在重大事故发生后，救援人员常碰到通信系统被破坏、信道严重堵塞等情况，导致救援人员无法与指挥中心和专家小组及时联系。基于这种情况，e-Risk 利用卫星通信和多种通信手段来支持突发公共事件的管理。考虑到救灾和处理突发紧急事件必须分秒必争，救援单位利用"伽利略"卫星定位技术，结合地面指挥调度系统和地理信息系统，对事故现场进行精确定位，在最短的时间内到达事发现场，开展救援和处置工作。而利用多种通信手段则表现在应急管理通信系统集成了有线语音系统、无线语音系统、宽带卫星系统、数据网络系统、视频系统等多个系统，配合应急管理和处置调度软件，使指挥中心、相关联动单位、专家小组和现场救援人员快速取得联系，并在短时间里解决问题。

此外，例如芬兰、英国，都建立了覆盖全国的 TETRA 数字集群系统。

第8章 环卫系统

8.1 技术总则

8.1.1 修复与重建原则

1. 快速处理、卫生防疫原则

在确保安全的前提下,尽快采取必要的临时性应急措施,及时收集、运输与处理各类城镇固体废弃物,保证受灾地区的环境卫生,避免瘟疫等次生灾害的发生。

2. 因地制宜、就地取材原则

根据地震灾区的客观条件与环境卫生设施的受损程度,结合城镇总体规划或灾后重建规划,综合考虑环境卫生设施、设备的使用要求,本着因地制宜、就地取材的原则,采取合适的修复、加固与重建措施。

3. 执行标准、确保抗震原则

地震灾区环境卫生系统重建应按相关环境卫生设施建设标准及技术规范执行,同时应满足最新修订的《中国地震动参数区划图》GB 18306—2015 规定的灾区所在地抗震设防烈度要求。

4. 以人为本、方便群众原则

环境卫生设施的数量和布局要充分考虑群众生活的便利性,方便群众使用。根据灾区居民过渡安置区方案,合理确定恢复重建规划方案。

5. 合理布局、实用可靠原则

综合考虑过渡安置区布点和人员集中等特征,环境卫生设施的设置应满足实用性、合理性要求,分析和总结灾区环境卫生现状水平,根据评估情况,判断环卫设施设备的可使用性,并根据周边环境予以恢复或重建。

6. 加强管理、污染控制原则

环境卫生设施的选址应合理、规范,防止由于渗沥液、污水对水源、居住环境造成破坏,并且要加强对设施的卫生管理,避免产生二次污染。

7. 统筹兼顾、分步实施原则

以过渡安置期的环境卫生设施需求为重点,并与地震灾后恢复重建规划方案相协调,分阶段、分区域进行环境卫生设施规划建设。

8.1.2 适用范围

本章适用于地震灾区建筑垃圾、生活垃圾和粪便收集、运输、资源利用、处理与处置等环卫系统设施和设备的评估、鉴定、修复、加固与重建。

8.1.3 工作程序

地震灾区环境卫生系统建设的主要工作程序如下：
(1) 地震灾区环境卫生系统现状调研；
(2) 地震灾区环境卫生系统评估与鉴定；
(3) 地震灾区环境卫生系统规划编制；
(4) 地震灾区环境卫生系统修复与加固；
(5) 地震灾区环境卫生系统重建；
(6) 地震灾区环境卫生系统运行管理；
(7) 地震灾区环境卫生系统后评估与对策。

8.1.4 规划要点

1. 规划重点

规划时间宜分为过渡安置阶段（近期3～5年）及重建阶段（中远期10～15年）两个阶段，突出不同阶段环境卫生规划的重点和特点。过渡安置阶段以环境卫生设施恢复为主，按照过渡安置区分布规划配置垃圾收集、公厕等临时设施，垃圾最终处理可结合现有可利用设施及今后规划统一考虑。重建阶段以环境卫生设施的新建为主，按照灾区城市总体规划的修编和行政区划的调整进行规划。

2. 灾区环境卫生系统评估

在对灾区环境卫生现状进行调研和总结的基础上，对垃圾收运处理系统进行全面评估，判断存在的主要问题和需要改进的内容，重点对现有环境卫生设施进行评估，确定设施的受影响范围、安全性及损坏程度。

3. 垃圾产生量预测

灾区垃圾产生量预测主要包括生活垃圾、建筑垃圾及粪便产生量的预测，应针对过渡安置阶段和重建阶段特点分别采用不同的方法进行预测。

4. 处理技术选择

过渡安置阶段垃圾处理以无害化、减量化为主要目标，有条件的进行资源化利用，应尽可能利用已有设施，对受损设施应尽快修复利用，需建临时处理设施的，宜选用能够在短时期内建成并投入使用，使用完毕后便于清除或封场，对环境影响较小的技术。重建阶段垃圾处理以资源化、减量化、无害化为目标，按照现行国家技术政策采用先进、适用的处理技术。

5. 设施需求量

过渡安置阶段需针对其特点考虑设施需求量，重建阶段各类环境卫生设施应按国家和地方的相关标准进行设置。

(1) 生活垃圾收集点

过渡安置阶段生活垃圾收集点的设置应尽量利用可利用的原有设施，不足区域进行增设，主要设置在过渡安置区（点）、救援基地、广场、主要街道等人群聚集地。过渡安置区（点）按50套安置住房配套设置1个垃圾收集点。

(2) 垃圾转运站

过渡安置阶段优先考虑利用原有的中转设施。垃圾收运一般宜采用直接运输的方式，或采用小车转大车等移动式中转设施进行中转，或建立临时的垃圾储存及中转场所。

（3）垃圾处理设施

充分利用已有的及经修复后可利用的设施，新建永久性设施需根据城市总体规划，结合预测量，按城乡统筹原则进行统一规划、合理布局。同时应考虑过渡安置期需建设的临时处理设施，如生活垃圾临时处理场所，建筑垃圾临时储存场所等。

（4）公共厕所

充分利用原有公厕，过渡安置阶段需增设的公厕以临时性公厕（活动或固定）为主，主要设置在灾区安置区（点）、人流集中的道路、广场、公共设施区域。按每万人配置不少于6座临时公厕进行设置。

6. 设施选址

过渡安置阶段环境卫生设施选址应在充分考虑原有设施的可使用情况及其布局的基础上，结合过渡安置区建设规划进行选址，重建阶段环境卫生设施按灾区重建规划进行规划选址，设施选址应符合国家、建设部相关标准、规范的规定。

8.2 环卫系统评估与鉴定

8.2.1 地震灾区环境卫生状况特点

1. 垃圾产生源和产生量变化

地震后，建筑物普遍遭受破坏，灾区人民从应急临时安置逐步开展过渡性安置，居住条件和人群聚集位置发生了改变，日常垃圾丢弃习惯也受到较大影响，随意丢弃的生活垃圾和粪便显著增多。此外，由于建筑物大量倒塌，建筑垃圾产生量巨大，过渡安置期和重建期也由于建筑物的新建将产生大量的建筑垃圾。

2. 垃圾处理水平下降

地震后，各种垃圾处理设施遭受不同程度的破坏，导致垃圾无害化处理水平显著降低。过渡安置期，人员集中安置所产生的垃圾加重了当地垃圾处理设施的负荷，尤其是部分县城尚未建设无害化处理设施，垃圾简易填埋设施将对土壤和地下水产生污染影响。

3. 公共厕所服务能力较弱

由于地震造成的建筑物坍塌，大量的公共厕所无法使用，而在临时安置区的人员数量众多，临时设置的公共厕所数量远远达不到实际需求。并且由于受条件限制，公共厕所很难兼顾应急性、便利性、实用性和合理性的多方面要求，公共厕所的卫生状况相对较差，服务能力较弱。

8.2.2 评估与鉴定要求

地震发生后，在抢救伤员、抢修生命线的同时，灾区迅速开展以环境清理、除害灭病为中心的爱国卫生运动，清除灾区各种废物，消毒杀虫，整顿市容村貌，迅速改善灾区的环境卫生状况。建立厕所、加强垃圾粪便卫生管理是灾区重点解决的一个突出问题。

政府安置灾区居民，采用集中安置和分散安置两种方式。为了对过渡安置阶段以及重建阶段的环境卫生设施进行评估、修复和重建，应对灾区环境卫生现状进行充分调研和总结，分析和评价现有环境卫生设施配置的合理性以及进一步改善环境卫生质量的需求性，为开展环境卫生设施重建工作提供参考依据。

灾区县级以上城市大多数都有生活垃圾处理场所，生活垃圾收集房、收集桶、公共厕所也是各城镇的配套设施，部分城市还有粪便处理厂；环境卫生车辆也是维持日常环境卫生工作的必要装备。地震发生后，环境卫生设施和设备均遭到不同程度的破坏。

灾后恢复重建应首先对原有或应急新建的生活垃圾处理厂、粪便处理厂、公共厕所等设施以及建筑结构和使用功能进行评估，其次对原有或应急新购置的垃圾收集运输车辆、粪便抽吸车辆等设备的自身性能和专业性能进行评估，判断设施设备的可使用性。

评估要求内容包括：

（1）地震前已有各类环境卫生设施（包括垃圾填埋场、垃圾焚烧厂、堆肥或生化处理厂、粪便处理厂、公共厕所、垃圾转运站、垃圾收集房、垃圾容器、废物箱等）的数量、规模、分布及其用地；根据相关环境卫生设施标准和地震灾区建筑物安全性评估标准，对以上环境卫生设施进行评估，确定设施的受影响范围、损坏程度，提出设施的恢复和重建方案。

（2）地震前已有各种环境卫生设备（生活垃圾收运车辆与设备、粪便收运车辆与设备、垃圾处理与处置设备等）的数量、型号、分布和使用情况；并对以上环境卫生设备进行评估，判断设备损坏的程度，提出设备的维修和恢复措施。

（3）应急和过渡安置阶段设置的临时环境卫生设施、设备也应列入评估范围。地震发生后，灾区环境卫生部门按照实际情况，就地取材，设置临时公厕以解决群众如厕之需，并对粪便进行密闭贮存、粪便与生活垃圾混合堆肥、卫生填埋等有效的处理；在灾民安置点、救援基地、广场、主要街道等人群聚集地，设置生活垃圾临时收集点，定时定点运输，并采用以填埋为主的处置方式，恢复使用原有卫生填埋场，而在灾前没有生活垃圾填埋场，或原有的已损毁严重、暂时无法修复的地区，可建临时简易填埋场应急处置生活垃圾。

恢复重建期应对应急和过渡安置阶段设置的临时公厕和化粪池、生活垃圾收集点、垃圾转运点、建筑垃圾储放场所等设施的使用情况进行评估，有利于根据安置区和重建区规划布局的实际情况对这些设施进行保留或取消，并考虑生活垃圾临时简易填埋场、化粪池等设施所在场所的就地封场恢复。此外，对临时配置的环境卫生车辆设备和活动厕所的使用情况进行评估，有利于在重建规划中进行统一调配和补充。

（4）对环境卫生设施的外部边界条件进行评估。地震发生后，由于人员的疏散和集中安置，生活垃圾的产生量和产生源发生了变化，加上道路交通的破坏，使得垃圾收运方式、收运路线和收运频率进行了大幅度调整。

恢复重建期应对垃圾收运道路、处置设施进场道路、垃圾收运处理设备接口、收运处置效率等内容进行评估，判断垃圾收运系统存在的主要问题和需要改进的内容。

8.2.3 评估与鉴定细则

已有各类环境卫生设施（包括垃圾填埋场、垃圾焚烧厂、堆肥或生化处理厂、粪便处理厂、公共厕所、垃圾转运站、垃圾容器、废物箱等）、各类环境卫生设备（生活垃圾收运车辆与设备、粪便收运车辆与设备、垃圾处理与处置设备等）均需进行评估和鉴定。

1. 生活垃圾收运设施

生活垃圾收运设施包括：垃圾收集桶、垃圾收集池、垃圾收集房、垃圾转运站等。地震发生后，垃圾收运系统损害情况评估首先应评价各种垃圾收运设施损害程度，并及时采取有效的应急垃圾收运措施，保障垃圾能够得到及时收运和有效处理，避免因垃圾传播疾病而产生疫情等问题。

（1）垃圾收集桶

垃圾收集桶主要是指沿街摆放的与垃圾收集车配套的用于居民生活垃圾收集的设施。在地震灾害中，原有的垃圾收集桶的损坏程度可分为三个等级，详见表8-1。

垃圾收集桶损坏情况评估表 表8-1

等级	损坏程度	损坏状况	处理方法
Ⅰ级	基本无损坏	形状完好，基本不影响使用	经检验合格后，投入使用
Ⅱ级	有少量损坏	桶身变形，有少量破损	进行维修或修补后，投入使用
Ⅲ级	严重损坏	桶壁破裂或被压扁，失去垃圾收集能力	报废，不再使用

（2）垃圾收集池

垃圾收集池为露天式简易砖混结构垃圾收集设施，为方便居民投放垃圾其高度通常不足1m，主要应用于农村地区。原有的垃圾收集池的损坏程度可分为三个等级，详见表8-2。

垃圾收集池损坏情况评估表 表8-2

等级	损坏程度	损坏状况	处理方法
Ⅰ级	基本无损坏	无裂缝和垮塌	经检验合格后，投入使用
Ⅱ级	有少量损坏	出现裂缝或局部垮塌	进行维修或修补后，投入使用
Ⅲ级	严重损坏	池壁破裂	拆除，评价是否需要重建

（3）垃圾收集房

垃圾收集房为单层封闭式砖混结构垃圾收集设施，通常设有垃圾投放口和垃圾出料门，主要应用于城镇及农村地区。原有的垃圾收集房的损坏程度可分为三个等级，详见表8-3。

垃圾收集房损坏情况评估表 表8-3

等级	损坏程度	损坏状况	处理方法
Ⅰ级	基本无损坏	无裂缝和垮塌	经检验合格后，投入使用
Ⅱ级	有少量损坏	出现裂缝或局部垮塌	进行维修或修补后，投入使用
Ⅲ级	严重损坏	严重断裂，大面积垮塌	拆除后重建

（4）垃圾转运站

垃圾转运站在地震灾害中受损情况评估主要考察：转运站主体建筑受损情况，转运设备基础受损情况，转运设备受损情况。垃圾转运站的损坏程度可分为三个等级，详见表 8-4。

垃圾转运站损坏情况评估表 表 8-4

等级	损坏程度	损坏状况	处理方法
Ⅰ级	基本无损坏	主体建筑结构完好,设备能正常运转	尽快恢复生产
Ⅱ级	有少量损坏	主体建筑结构完好,设备出现故障	通知设备厂商尽快予以修复
Ⅲ级	严重损坏	主体建筑结构出现裂缝,局部坍塌,存在危及作业人员人身安全的可能	对主体建筑参照《地震灾后建筑修复加固与重建手册》予以修复和加固处理,同时通知设备厂商尽快对设备予以修复

垃圾转运站的建（构）筑物灾后安全性评估办法遵照相应专业的标准、规范及《地震灾后建筑修复加固与重建手册》执行。

垃圾转运站的主体设备为垃圾压缩设备，在鉴定垃圾压缩设备及基础受损状况时主要考察：

1) 设备基础是否存在裂缝；
2) 主体设备是否发生倾斜或移位；
3) 设备各连接件是否有松动；
4) 液压管是否存在破损及渗漏；
5) 液压传动轴是否发生弯曲；
6) 压缩头是否发生错位等。

2. 生活垃圾焚烧厂

考虑到垃圾焚烧厂的特殊性，需对垃圾焚烧厂的建（构）筑物、各种设备、管道及附件等进行全面评估与鉴定。

（1）生活垃圾焚烧厂建（构）筑物灾后安全性评估

垃圾焚烧厂的建（构）筑物灾后安全性评估办法遵照相应专业的标准、规范及《地震灾后建筑修复加固与重建手册》执行。

（2）生活垃圾焚烧厂的设备评估

1) 垃圾焚烧系统评估与鉴定

① 垃圾焚烧炉及余热锅炉可以采取对每个单体设备进行检查。需检查设备变形、基础移位等情况，通过感官、仪器检测、运转情况等综合进行评估与鉴定，并且应达到技术监督部门的特殊要求方可投入使用。

② 所有动力设备要单独测试运行。可以首先采取单个设备空车调试（检查所有性能是否与设计及验收时的数据相符），再进行整机调试，保证正常运转。

③ 起重机需检测行车梁和轨道有无变形或者开裂，行车梁如变形应予以更换；轨道变形则可以分段进行整形处理。起重机应达到技术监督部门的特殊要求方可投入使用。

④ 仪器仪表需要全部拆下单独测试，逐一校正、试验，达到设计标准。

⑤ 高、低压电气设备，应进行拉网式检查线路是否有破损、短路、断路以及控制开关、操作键盘等设备是否能保证灵敏。

⑥ 其他通用设备应按照各设备的设计要求进行评估与鉴定。

2) 烟气处理系统评估与鉴定

① 烟气处理设备首先查看是否完好，采取单个设备空车调试（检查所有性能是否与

设计及验收时的数据相符)。若烟气处理设备遭到严重破坏,无法修复时,为防止对环境造成严重污染,应考虑重建。

② 进行烟气管道检查,在风机完好的前提下,可以采取测试风量来判断管道是否发生泄漏。

③ 需要对设备所有的保温材料进行全面的检修。

3) 危险废物处理系统评估与鉴定

危险废物处理系统评估与鉴定主要是查看飞灰收集处理系统和储存库的损坏情况。

(3) 生活垃圾焚烧厂管道及附件的评估与鉴定

1) 首先检查所有管道及附件外形是否有扭曲变形、倒塌、移位以及支吊架的情况。

2) 应对各系统管道分别按照设计要求重新进行压力试验,特别是蒸汽等重要管道,试验合格后方可使用。

3) 需按照设计要求调整所有管道特别是蒸汽管道的支吊架,确保安全、可靠、稳定,必要时予以更换。

4) 对于保温的管道,应对保温材料进行全面的检查,必要时予以更换。

3. 生活垃圾堆肥厂

(1) 堆肥厂设施的评估与鉴定

地震在一定程度上使生活垃圾分选堆肥处理设施遭到损坏,震后恢复重建阶段的分选堆肥处理设施安全性评定是一项具有相当技术含量的工作,需委托具有相应资质的检测鉴定机构、研究院(所)、高校和设计单位进行。

评估过程主要包括以下程序:

1) 对现状调查与检测;

2) 安全等级评定。

根据调查检测结果,对设备基础和建(构)筑物的变形裂缝程度等设施的损毁程度确定等级。设备基础和建(构)筑物损坏程度评估见表 8-5。

设备基础和建(构)筑物损坏程度评估表　　　　表 8-5

等级	损坏程度	损坏状况	处理方法
Ⅰ级	基本无损坏	设备基础完好,设备能正常运转,建(构)筑物结构完好	尽快恢复生产
Ⅱ级	有少量损坏	设备基础有局部破损,但主体结构完好,建(构)筑物损毁程度较轻,可以修复,修复成本不高	设备基础和建(构)筑物按《地震灾后建筑修复加固与重建手册》加固和修复
Ⅲ级	严重损坏	设备基础结构已破坏,局部坍塌,建(构)筑物损毁程度较重,存在危及作业人员人身安全的可能	能够修复和加固的设备基础和建(构)筑物,按照《地震灾后建筑修复加固与重建手册》予以修复和加固处理,不能修复和加固或修复加固费用较高的,应进行重建

(2) 堆肥厂设备的评估与鉴定

根据调查检测结果,对设备本体的损坏程度确定等级。设备本体损坏程度评估见表 8-6。

设备本体损坏程度评估表　　　　表 8-6

等级	损坏程度	损坏状况	处理方法
Ⅰ级	基本无损坏	形状完好,运转正常	经检验合格后,投入使用
Ⅱ级	有少量损坏	设备外形基本完好,能够运转,但设备性能指标不达标	进行维修后,投入使用
Ⅲ级	严重损坏	设备外形已经损毁,不能运转或不能正常运转,修复成本较高	报废,不再使用

4. 生活垃圾填埋场

垃圾填埋场由各种不同功能的系统组成,某一系统的失效会影响到整个填埋场的正常运行。

评估与鉴定包括以下内容:

(1) 建筑物

卫生填埋场的建筑物有:综合办公楼、机修厂、配电室、地磅房、食堂和浴室、洗车台等,可参照相关专业内容进行评估与鉴定。

(2) 辅助公用工程

卫生填埋场的辅助公用工程有:电力与通信设施、供水与消防设施、进场道路灯,可参照相关专业内容进行评估与鉴定。

(3) 构筑物

卫生填埋场具有一套特有的构筑物:垃圾坝、填埋场(包括防渗衬层、导气石笼、填埋场地下水导排系统、填埋场渗沥液导排系统、场内作业道路)、截洪沟、污水调节池以及污染监测井等。

1) 垃圾坝的评估与鉴定

垃圾坝的设计与施工与水利工程拦水坝基本一致,垃圾坝的灾害鉴定也大致相同,因垃圾坝的材质不同其鉴定方法也有区别。

① 土坝、渣料坝、堆石坝的评估与鉴定包括以下内容:

坝的沉降(坝顶沉降与隆起程度);

坝的水平位移;

坝面的沉降、隆起、滑坡、坍塌;

坝体的裂缝;

坝肩的裂缝与沉降(坝与山坡相交处)。

② 浆砌石坝、混凝土坝的评估与鉴定包括以下内容:

坝的垂直和水平位移;

坝的倾斜度;

坝体的裂缝和破碎程度。

2) 填埋场的评估与鉴定

填埋场的防渗衬层(衬层由 HDPE 膜、GCL 土工层、土工布及黏土层组成)由防渗衬层上部卵石(碎石)渗沥液导流层及渗沥液导排管道系统和防渗衬层下部卵石(碎石)地下水导流及地下水导排管道系统(盲沟)、导气石笼、场内作业道路所组成。

填埋场的鉴定项目包括:

① 防渗衬层的断裂；
② 地下水导排管道的断裂、水质变化；
③ 渗沥液导排管道的断裂、水质变化；
④ 尚未堆填垃圾的坡面防渗衬层的脱落、断裂，锚固沟的错断、坍塌；
⑤ 导气石笼的沉降、隆起、歪斜、倒塌；
⑥ 场内作业道路的变形、错断、扭曲等。

3）截洪沟的评估与鉴定

填埋场的形式有山谷形、斜坡形、平地形和坑式四种，对应四种形式的填埋场截洪沟的设计不同，所以，截洪沟的评估与鉴定也不同。

① 山谷形填埋场的截洪沟

山谷形填埋场一般位于冲沟的尾部，沟深坡陡，具有一定厚度的残积土和坡积土，对其评估和鉴定应包括以下内容：

截洪沟的错断、坍塌、翻转；

截洪沟被滑坡体、泥石流掩埋和阻塞；

截洪沟排水坡度的变化。

② 平地形、斜坡形、坑式填埋场的截洪沟

该三种填埋场一般位于平地、山前倾斜平原、河湖沉积地层上。对该种形式截洪沟的评价和鉴定应包括以下内容：

截洪沟沉降隆起而发生的起伏不平、断裂；

截洪沟错动引起的断裂和水平弯曲。

4）污水调节池的评估与鉴定

与填埋场配套的污水调节池，因容积很大，一般采用平地下挖的坑式调节池，应对其进行以下评估和鉴定：

① 调节池歪斜；
② 池壁错断；
③ 池壁坍塌；
④ 防渗膜撕裂、脱落。

5）污染监测井的评估与鉴定

污染监测井应对其进行以下评估和鉴定：

① 井筒歪斜；
② 井筒错断；
③ 井口锁口构筑物歪斜、碎裂。

6）渗沥液处理厂的评估与鉴定

渗沥液处理厂内包括建筑物、构筑物、各类设备和管道，其评估与鉴定可遵照污水处理厂的评估与鉴定办法执行。

(4) 填埋场机械设备评估与鉴定

填埋场所用机械设备主要包含以下几类：

1）作业机械：运输车辆、挖运机械；
2）配套设备：机械维修设备、给水排水及消防设备、电力及通信设备、监测化验设备、冲洗洒水设备、加油设施；

3）生活设施：浴室设备、锅炉。

填埋场所用机械设备的评估与鉴定可参照相关专业内容进行评估与鉴定。

5. 粪便处理厂

粪便处理设施由各自不同功能的环节组成，某一环节的破坏则影响整体功能。其管道位于地下，具有隐蔽性强、故障难以排除等特点，受土壤变形、场地条件影响较大。

粪便处理厂运行和管理需要工艺、土建、机械、电气、自动控制等专业紧密配合，任何一处出现问题，都将难以满足使用功能。其功能恢复，必须采取修复、更新和重建等方式来解决。

现存未倒塌的粪便处理设施必须经过安全性评估，包括粪便处理设施建（构）筑物的安全评估、粪便处理设施各类设备和管道的安全评估、厂区公用工程的评估以及粪便处理设施外部边界条件的评估。

（1）建（构）筑物的安全性评估

粪便处理厂的建（构）筑物主要有设备厂房、辅助生产用房、管理办公用房、水池等。

受灾建（构）筑物安全性评估必须由专业评估单位承担，主要工作应包括：

1）建（构）筑物现状调查与检测

需结合图纸资料对建（构）筑物结构进行全面的检查，由建（构）筑物检测技术人员严格按照建（构）筑物质量检测相关规程或规定进行操作，并借助于专门的仪器设备进行结构检测，包括现场测试以及现场取样的试验室检测。

2）安全性等级评定

根据现状调查与检测结果，按承载能力、构造措施、不适于继续承载的变形与裂缝，进行安全性等级评定并给出相应的处理建议。

3）建筑抗震鉴定

结构的抗震鉴定应该以国家最新调整的该地区地震烈度为依据进行。

根据各类建筑结构的特点、结构布置、构造和抗震承载力等因素，进行以宏观控制和构造鉴定为主的第一级鉴定、以抗震验算为主结合构造影响的第二级鉴定。不符合抗震鉴定要求的建（构）筑物必须进行抗震加固。

4）处理建议

地震区的结构安全性鉴定和抗震鉴定完成后应综合考虑对结构或构件进行相应处理。根据其不符合鉴定要求的程度、部位对结构整体安全性和抗震性能影响的大小，以及有关的非抗震缺陷等实际情况，结合使用要求、城市规划和加固难易等因素的分析，通过技术经济比较，提出相应的维修、加固、改造或更新等抗震减灾对策。

其灾后安全性评估办法遵照相应专业的标准、规范及《地震灾后建筑修复加固与重建手册》执行。

（2）工艺设备、管道、仪表的安全性评估

受灾设备安全性评估必须由设备生产企业、质量监督部门进行检测、鉴定。

1）对设备机械部分的检查、鉴定

① 检查设备主体位置

检查系统各设备是否与原位置相符。各设备地脚螺栓固定是否牢固。

② 检查设备机械结构

检查系统各设备是否因振动或掉落重物发生变形。

③ 检查连接管路

检查各系统连接管路是否变形或断裂。

④ 检查各设备驱动电机

检查系统各个驱动电机是否出现漏油情况、壳体状况。

2）对电气部分的检查

① 检查电气控制柜

检查电气控制柜是否变形或发生位移；根据电路图，检查电控制柜内部电路连接。

② 检查电气控制柜与设备之间的连接

根据电路图检查电气控制柜内连接端子是否连接正确；检查电气控制柜与设备之间的连接电缆线；检查设备端接线端子。

③ 电气控制柜通电启动

通过以上步骤排除漏电危险、检查进电电压。

通过上述检查，对各类设备的损毁程度作出评估鉴定。

(3) 厂内公用工程及外部边界条件的安全性评估

厂内公用工程及外部边界条件包括道路、给水、排水、供电等边界条件，其安全性评估遵照相应行业及专业的评估办法执行。

对粪便处理设施内各个建（构）筑物、各类设备、管道应保留必需的原始资料，登记造册，建立文字、图像和样品档案。

经安全性评估必须拆除的，应经有关部门批准后，由专业公司负责拆除。

如原有粪便处理设施、设备完善且地震中未遭到破坏，或破坏不严重、经修复后可以恢复使用的，必须进行修复与加固。

8.3 建筑垃圾收运处理系统修复与重建技术

8.3.1 基本要求

1. 地震灾区建筑垃圾简述

(1) 地震灾区建筑垃圾组成与特点

建筑垃圾指建设、施工单位或个人在从事拆迁、建设、装修、修缮等建筑业的生产活动中产生的余泥、余渣、泥浆及其他废弃物。与常规意义上的建筑垃圾相比，地震灾区的建筑垃圾不但包括砖、混凝土、钢筋、沥青、门窗、玻璃、渣土等大量惰性垃圾，还包括少量生活垃圾、遇难人员遗体及动物尸体等。总体来说，地震灾区建筑垃圾具有如下的特点：

1）产量较大；

2）成分较复杂；

3）尺寸差别较大，大尺寸组分较多；

4）可能含有致病细菌及病毒。

根据汶川地震灾区现场调研，地震产生的建筑垃圾数量巨大。据地方相关部门不完全统计，绵竹市约有建筑垃圾1700万t，什邡市约有建筑垃圾630万t，都江堰市约有建筑垃圾2600万t。汶川地震灾区已倒塌和需拆除的建筑大部分是多层砖混结构，少量为框架结构。城镇建筑垃圾成分为烧结砖（含黏土砖、页岩砖）、混凝土块（砌块、预制板）、砂浆块（砌筑粘接层、内外抹灰层）以及少量钢筋、碎玻璃、瓷砖、门窗、生活垃圾等；农村建筑大多数为单层或两层砖木结构。

（2）地震灾区建筑垃圾收运、处理系统简述

建筑垃圾收运、处理系统设施和设备主要包括建筑垃圾运输车辆、回填点、暂存设施、填埋场、资源化利用厂等。

汶川地震灾区建筑垃圾处理设施较为简单，建筑垃圾产生单位或个人将建筑垃圾交给政府主管部门认定的建筑垃圾清运、处理企业。按照"谁产生、谁付费"的原则，实行建筑垃圾清运、处理有偿服务。政府认定的企业主要承担清运任务，建筑垃圾末端处理大多通过调配回填实现，基本没有固定的建筑垃圾处理设施。成都市曾经建成建筑垃圾资源化处理厂，因技术、经济等原因已停产。

2. 修复与重建原则

（1）根据建筑垃圾收运、处理系统设施、设备损坏程度采取不同的修复、加固或者重建措施，具体措施应申报专门方案，经专家评审后，由主管部门审批。具体如下：

1）对于基本完好或轻微破坏的设施、设备，如果所在地区的抗震设防烈度没有调整，经简单维修后可以使用；如果所在地区的抗震设防烈度已经调整，则应按照调整后的设防基本烈度进行评估，并采取对应的修复、加固措施。

2）对于中等破坏的设施、设备，必须根据调整后的设防烈度，采取技术可行、经济合理的修复与加固改造措施。

3）对于严重破坏的设施、设备，根据破坏程度以及按照调整后的设防烈度进行修复与加固改造费用的估算，如超过重建费用，则可拆除后重建。

（2）地震灾区建筑垃圾处理在无害化基础上应优先考虑就近回填利用以及简单、实用的资源化利用方式。

（3）地震灾区建筑垃圾资源化处理应做到工艺简单、生产快捷、易于推广、成熟实用、因地制宜、就地利用、经济合理、性能可靠。

8.3.2 修复与加固技术

1. 收集、运输系统

建筑垃圾收集设施往往与生活垃圾收集设施共用，可参照生活垃圾收集设施修复与加固技术执行。

建筑垃圾收集运输系统主要包括各类清运车辆，地震灾害后车辆损害程度可分为基本无损坏、中等损坏、严重损坏三个等级，根据车辆的损坏程度可分别采取不同的修复措施，车辆损坏及处理方法见表8-7。

车辆损坏及处理方法一览表　　　表8-7

等级	损坏程度	损坏状况	处理方法
Ⅰ级	基本无损坏	外观完整,主要部件无损坏	经检验合格后,投入使用
Ⅱ级	中等损坏	外观基本完整,主要部件有少量损坏	进行维修或更换部件后,投入使用
Ⅲ级	严重损坏	外观严重破坏,主要部件有大量损坏	报废,不再使用

2. 暂存设施

（1）建筑物修复与加固技术

建筑垃圾中转暂存设施建（构）筑物结构形式以轻钢结构厂房为主,其特点是结构简单、荷载轻便、抗震性能强、不易变形断裂,地震破坏主要表现为厂房顶棚与外壁的彩钢板位移、断裂,其修复、加固与重建措施参照《地震灾后建筑修复加固与重建手册》中钢结构建筑的相关内容执行。

（2）构筑物修复与加固技术

1）对基本无损坏的构筑物经检查,局部修整后投入使用。

2）对局部损坏较轻微的构筑物可采取低压注浆、帮扶、拉结、粘贴等针对性技术措施。

3）对严重损坏的构筑物原则上宜拆除受损部分并采用原构筑物相同的建筑材料和结构形式进行修复；或修复、加固成本经比较不经济时,应对该构筑物进行单体重建。

4）对于污水调节池等有管道与之衔接的构筑物应保证其管道与池体连接处的密实性,防止污水外渗和地下水入渗。

（3）设备检查与修复

1）设备机械部分检查与修复

① 检查设备主体位置

检查系统各设备是否与原位置相符,如发生错位,应恢复其原来位置。各设备地脚螺栓固定是否牢固,发生松动需紧固。

② 检查设备机械结构

检查系统各设备是否因振动或掉落重物发生变形或局部损坏。如发生变形或损坏需维修或更换部件。

③ 检查连接管路

检查各系统连接管路是否变形或断裂,如发现变形或断裂可依据程度不同校正、焊接或更换管路。

④ 检查各设备驱动电机

检查系统的各个驱动电机是否出现漏油情况,维修或更换受损的壳体并补足润滑油。

2）设备电气部分检查与修复

① 检查电气控制柜

检查电气控制柜是否变形或发生位移,需恢复电气控制柜位置并固定；更换受损的电气元件；根据电路图,检查电控柜内部电路连接,恢复受损电路。

② 检查电气控制柜与设备之间的连接

根据电路图检查电气控制柜内连接端子是否连接正确,紧固松动端子；检查电气控制柜与设备之间的连接电缆线，更换漏电、折断的电缆线；检查设备端接线端子，紧固松动端子。

③ 电气控柜通电启动

通过以上步骤排除漏电危险、检查进电电压后可启动电气控制柜。

3）设备启动检查

以上检查和修复完成后，启动各个设备，检查各设备的运转情况。

① 手动启动

手动模式下启动各设备，如各驱动电机正常反应，开启设备一个周期。观察设备运转是否正常、是否有异响。查找异响原因，维修或更换异常部件。

② 空车启动

在不上料的条件下将各设备手动启动系统，检查工作状态下设备是否正常运转。修补或更换破损部件。然后打开自动模式，检查整套处理系统仪器仪表是否正常，更换损坏的仪器仪表。

③ 试运转

完成以上步骤后可连接、试运转整套设备，观察处理效果，调试设备。

调试使设备运转正常，达到设计要求工况，直至系统稳定运行。

（4）辅助公用工程修复与加固

辅助公用工程包括道路、给水、排水、供电等，其修复与加固参照上述各章相应要求执行。

3. 建筑垃圾填埋场

（1）建筑垃圾填埋场地震危害

震区建筑垃圾填埋场的建（构）筑物、设备及辅助公用工程均可能遭受不同程度的损失，主要危害可能集中在以下几个方面：

1）垃圾坝会产生沉降、位移、裂缝、滑坡、边坡坍塌；

2）截洪沟会因山体滑坡、沉降、错动而使截洪沟断裂、倒塌、整段下滑扭曲等；

3）渗沥液导排系统与地下水导排系统会因场地不均匀下沉、垃圾坝的下沉和位移产生断裂；

4）监测井井筒错断、井口构筑物倾倒、坍塌；

5）污水调节池会因山体滑坡、地基不均匀沉降而产生裂缝或池壁倒塌而漏水。

（2）修复与加固技术

建（构）筑物、设备及辅助公用工程修复与加固技术可参照"建设垃圾暂存设施修复与加固技术"执行。主要危害修复与加固技术如下：

1）垃圾坝修复与加固技术

在垃圾填埋场中，垃圾坝只是一个支撑构筑物，不渗水，因此，在垃圾坝受损后，可针对受损部位或受损面积和体积大小，采取翻压或堆填土、石、风化料加固即可。

2）截洪沟修复与加固技术

对受损段进行修复，对滑坡地段可考虑改道。

3）渗沥液管道修复与加固技术

对使用初期的填埋场可开挖后修复。对垃圾堆填厚度较大的填埋场，可采取局部封闭措施（灌浆帷幕、搅拌桩帷幕）或在垃圾表面重铺渗沥液导排管道。

4）监测井修复与加固技术

经清通处理后，视具体情况对地坪以下 2.0m 范围内的井筒损坏部分进行修复重建，井口构筑物一般应清理重建。

5）污水调节池修复与加固技术

视污水调节池结构形式采取不同修复与加固措施。

① 钢筋混凝土结构的污水调节池参照建筑垃圾暂存设施中构筑物修复与加固技术执行。

② 夯实土上覆防渗膜的污水调节池，应重新夯实基土，充填地面裂缝，并局部焊接修复损坏的防渗膜，无法修复的应全面更换防渗膜。

4. 建筑垃圾资源化利用设施

建筑垃圾资源化利用设施的修复与加固包括建（构）筑物、各类设备和管道以及辅助公用工程修复和加固。

（1）建筑物修复与加固

建筑物的修复、加固与重建措施参照《地震灾后建筑修复加固与重建手册》中的相应要求执行。

（2）构筑物修复与加固

构筑物的修复、加固与重建措施参照前述"建筑垃圾暂存设施"中相应部分的内容。

（3）设备修复与加固

设备的修复与加固措施参照"建筑垃圾暂存设施"中相应部分的内容。

（4）辅助公用工程修复与加固

辅助公用工程修复与加固参照本手册第 2～7 章相应要求执行。

8.3.3 重建技术

1. 收集、运输系统

应建立大分流和小分类的建筑垃圾收集系统。首先将建筑垃圾和生活垃圾分流收集，以利于控制环境污染及实现建筑垃圾资源化。遇难者遗体及动物尸体应采取消毒后深埋的处理方式，避免病毒传播。其次鼓励源头分类收集与减量，将建筑垃圾中可直接利用的钢筋、木材和较为完好的烧结砖在源头回收利用。

体积较大的建筑垃圾可采用移动式破碎机、切割机或冲击钻破碎后运输。建筑垃圾收集时应进行全面的消毒和除臭。

建筑垃圾运输车辆应尽量采用大型渣土运输车。车辆密闭要求可适当放宽，无密封装置的允许以油布苫盖运输，但仍严格禁止超载。

2. 建筑垃圾回填

建筑垃圾回填点选址应遵循以下要求：

（1）回填点选址应符合灾区重建规划及环境卫生专业规划的要求；

（2）回填点选址宜选择在建筑垃圾产量集中区域附近；

（3）回填点选址应交通方便、运距合理；

（4）回填点选址宜利用现有低洼地。

回填点选址应遵循《建筑垃圾处理技术规范》CJJ 134—2009 的要求。

建筑垃圾回填点多为低洼地，容易积存雨水、杂物，回填之前应做适当的清理。清理的主要目的在于清除有机物质及有害物质，避免简单堆填后垃圾内部发生化学反应，生成气体或者其他有害物质，造成安全隐患，也不利于回填点土地日后再利用。对于面积、深度较大，且边坡陡峭的回填洼地，应根据现场情况，考虑边坡加固，防止塌方。建筑垃圾陆运到达回填点，卸料于回填洼地边缘，以推土机摊铺，适当碾压。如果回填点为平地或者洼地边坡足够稳定，亦可直接将垃圾卸至回填位置，再行摊铺、碾压。回填至预订量以后，应以砂土覆盖，在灾后重建阶段，根据规划对场地进行开发利用。

3. 暂存设施

建筑垃圾暂存场选址应符合下列要求：

（1）暂存场选址应符合灾区重建规划及环境卫生专业规划的要求；
（2）暂存场填埋库区库容应保证服务范围内灾后清理产生的建筑垃圾容量要求；
（3）暂存场选址宜选择在建筑垃圾产量集中区域附近；
（4）暂存场选址应交通方便、运距合理；
（5）暂存场选址宜选择平坦地形，亦可利用较浅的自然低洼地势，便于后期搬迁时开挖利用；
（6）选址应由建设项目所在地的建设、规划、环境保护、环境卫生、国土资源、水利、卫生监督等有关部门和专业设计单位的有关专业技术人员参加。

建筑垃圾暂存场应按照《建筑垃圾处理技术规范》CJJ 134—2009 的要求执行。

建筑垃圾暂存场主要设施包括：分选预处理设施、暂存填埋区（地表水导排系统、污水收集系统、场区道路、填埋分区等）、污水贮存设施。有条件的地方宜附设建筑垃圾资源化处理设施。

建筑垃圾暂存场配套设施应包括：进场道路、围墙大门、简易管理房、供配电设施、给水排水设施、消防和安全卫生设施、车辆清洗台等。

建筑垃圾暂存场主要作业设备包括：挖掘机、推土机、装载机、分选设备、破碎设备、切割设备、建筑再生材料生产成套设备（如附设资源化利用设施）。

4. 建筑垃圾填埋场

建筑垃圾填埋场选址应参照《建筑垃圾处理技术规范》CJJ 134—2009，选址应符合下列要求：

（1）符合当地城市总体规划、区域环境规划和城市环境卫生专业规划的要求；
（2）与当地的大气防护、水土资源保护、大自然保护及生态平衡要求相一致；
（3）填埋库容应保证服务区域内灾区清理及灾后重建阶段的建筑垃圾填埋量；
（4）宜利用自然低洼地势的山谷（坳）、采石场废坑等天然地形，以增加填埋库容；
（5）交通方便、运距合理；
（6）人口密度低、土地利用价值低；
（7）地下水贫乏地区、地下水流向下游地区及夏季主导风向下风向；
（8）选址应由建设项目所在地的建设、规划、环境保护、环境卫生、国土资源、水利、卫生监督等有关部门和专业设计单位的有关专业技术人员参加。

选址参照《建筑垃圾处理技术规范》CJJ 134—2009 的要求。

建筑垃圾填埋场主体设施应包括：计量设施、分选设施、填埋库区设施（防渗系统、地表水及地下水导排系统、场区道路、垃圾坝、渗沥液导排系统、填埋气体导排系统）、污水处理设施。根据需要，可设置资源化处理设施。

建筑垃圾填埋场配套设施应包括：进场道路、备料场、供配电、给水排水设施、生活和管理设施、设备维修、消防和安全卫生设施、车辆冲洗、通信、监控设施、停车场、环境监测设施等。

建筑垃圾填埋场主要作业设备：挖掘机、推土机、压实机、装载机等；资源化利用设备：分选设备、破碎设备、切割设备、建筑再生材料生产成套设备（如附设资源化利用设施）。

5. 建筑垃圾资源化利用

建筑垃圾资源化处理方式可分为三类：一是"低级利用"，如分选直接回收、回填等；二是"中级利用"，如生产再生骨料、新型墙体材料或作为载体桩等；三是"高级利用"，如生产水泥、沥青等。灾区建筑垃圾资源化利用以低级和中级利用为主。根据建设部颁布的"关于地震灾后重建中再生利用建筑垃圾的指导意见"，原则上建筑垃圾再生利用率不低于50%。

资源化处理设施选址应满足如下要求：

（1）资源化处理设施选址应符合灾后重建规划和环境卫生行业规划的要求；

（2）资源化处理设施选址应在建筑垃圾暂存场（填埋场）内或邻近建设；

（3）资源化处理设施选址应满足工程建设的工程地质条件和水文地质条件；

（4）资源化处理设施选址应结合市政用地合理确定；

（5）资源化处理设施选址应考虑服务区域及其垃圾产量的分布，合理确定；一般应与永久性建筑垃圾填埋场或建筑垃圾暂存场合建，作为配套工程；

（6）资源化处理设施选址与居住区间距应满足相关规划、规范和规定的要求，并考虑对周围环境的影响；

（7）资源化处理设施选址应优先选择市政设施完善、交通便利的地方，宜保证两路进电。

6. 环境保护与劳动安全

（1）环境保护

建筑垃圾处理的根本目的之一是实现无害化，建筑垃圾收运处理系统的建立不应对周围环境产生"二次污染"或者对周围环境的污染不超过国家有关法律、法令和现行标准允许的范围，并且应与当地的大气防护、水资源保护、环境生态保护及生态平衡要求相一致，确保不引起空气、水和噪声的污染，不危害公共卫生。

为最大限度控制对环境的影响，建议采用雨污分流等措施减少污水产量，采用污水调蓄、污水处理等措施处理污水，达标排放。

建筑垃圾清运处理过程中大气污染物有粉尘、氨（NH_3）、硫化氢（H_2S）、甲硫醇（RSH）和甲烷（CH_4）等，其中氨（NH_3）、硫化氢（H_2S）、甲硫醇（RSH）为恶臭物质，会对邻近地区造成恶臭污染；而甲烷（CH_4）达到一定浓度有发生爆炸或火灾的可能，所以要采取一定的防护措施。

噪声污染源来自建筑垃圾收集、清运、处置过程中车辆行驶及各种机械设备运转。采取安装消声器、隔声等方式控制噪声污染。

(2) 劳动安全

针对灾后建筑垃圾处理的实际情况，为了防止安全事故发生，拟采取以下安全保护技术措施：

1) 建筑垃圾清理作业应从垮塌建筑边缘开始，逐步推进，尽量避免作业人员在垮塌建筑顶部停留，余震发生时应及时回避。

2) 在作业过程中，作业人员应配备必要的劳动防护用品，包括专用防尘口罩、工作服、安全帽、劳动防护手套、劳动防护胶鞋等。

3) 负责清运处理的责任部门应配备化学手套、抗化学物长靴、化学防护服等应急劳动防护用品，以及粉尘检测仪、挥发性有机物监测仪、防火器具、急救药箱等环保与安全仪器、设备。

4) 应在作业现场设置劳动防护用品贮存室，定期进行盘库和补充；应定期对使用过的劳动防护用品进行清洗和消毒；应及时更换有破损的劳动防护用品。

5) 建筑垃圾清运处理的安全、卫生措施应符合《生产过程安全卫生要求总则》GB/T 12801—2008等规定中的有关要求。

6) 处理场所应设置道路行车指示、安全标志及环境卫生设施标志。标识设置方法参照《道路交通标志和标线》GB 5768—2009和《安全标志及其使用导则》GB 2894—2008。

7) 对从事灾区建筑垃圾清运处理的作业人员应进行劳动安全保护专业培训。

8.3.4 运行管理与维护措施

(1) 清除建筑垃圾过程中，若发现遗漏的地震遇难人员遗体（肢体），应按照有关部门的规定进行清理和卫生处理。

(2) 在废墟清理过程中，发现危险废物或疑似危险废物的，应当立即通知政府指定的专业公司协助清理。

(3) 清理建筑垃圾时，宜将渣土、废砖瓦、废混凝土、废木材、废钢筋等分类装运，运到处理场所后分类堆放。对于混合装运的建筑垃圾，卸到处理场所后，宜根据分类要求进行分拣。

(4) 应对建筑垃圾清运、处理人员进行定期或职前训练，包括人员个人作业安全保护措施、废弃物分类、有害性物质识别处理、风险事故应急措施等技术培训和对员工的安全、纪律教育。紧急情况下，也必须在清理前对参加清理人员交代清理要点和要求，如关于建筑废墟中石棉清理的培训。

1) 清运人员应明确当地部门规定的建筑垃圾运输路线，禁止超载和乱丢乱弃；

2) 处理场所人员应明确各类建筑垃圾在处理场所的倾卸点，高效指挥以节省堆放空间；

3) 资源化处理厂工作人员应熟悉本岗位设施、设备的运行要求和技术指标，并应了解本厂处理工艺。

(5) 应制定灾后建筑垃圾处理的管理制度，将回填点、暂存场、填埋场三类处理场所的位置、面积、容积、垃圾来源、责任部门等登记造册，以保证建筑垃圾来源的可追溯性和灾后重建修复的可控制性。当处理量达到容纳量的一半时，应及时上报相关部门。

（6）受灾区建筑垃圾处理场所可指定现场指挥人员，并派专员24h监视管理，发现异常时及时上报有关部门，有关部门派专员处理。参与人员必须佩戴个人安全防护设备，如安全帽、口罩、安全警示服等。

（7）应在建筑垃圾处理场周围设立隔离措施，派专人负责看护，并在出入口设置警告标识，严禁拾荒人员和社会闲杂人员进入，另有标识注明向公众和废物运输者提供废物接受信息和紧急联系方式等。

（8）应通过日常良好的维护来保持建筑垃圾收运、处理系统设备、设施较好的抗震性能。

1）运输单位应定期对车辆进行维护和检测，保证车况完好。

2）震后损坏的机械设备可根据损坏程度确定报废或更换损坏件。正常期应根据各种机械设备的不同要求，定期检查、维护、添加或更换润滑油（脂）。

3）电源电压超出额定电压±10%时，不得启动电机。

4）建筑垃圾处理场所的设施、设备、仪器完好率应达90%以上。

5）建筑垃圾处理场所经地震损坏的各种盖板、爬梯、照明设备等应及时处理或更换损坏件；正常期应定期进行检查、维护。

（9）建筑垃圾处理运营单位应建立对地表水、地下水、土壤和大气的环境监测制度。

（10）应维护处理场区及周围的环境卫生，必要时定期进行消毒处理。

8.4 生活垃圾收运处理系统修复与重建技术

8.4.1 生活垃圾收运设施

（1）为了保障地震灾害发生后，将地震所带来的损失降低到最小，应尽快恢复垃圾收运体系，减少疫情发生的可能性。

（2）对于严重损坏的收运设施，或修复成本过高，或经过地震危险性评估认定原场地跨越断层、不适合修复的，应该进行规划重建。

（3）垃圾收运设施震后，主体建筑修复所采用的抗震设防烈度必须采用调整后的《中国地震动参数区划图》GB 18306—2015规定的地震基本烈度。

（4）垃圾收运设施重建规划时，应避开或远离断层，同时要避开地震时可能发生崩塌、大面积滑坡、泥石流、地裂和错位的危险地段。

（5）垃圾转运站修复和重建时，应注重对垃圾压缩设备基础的抗震设计，尽可能采用独立基础。

（6）地震灾害后，原有的居住区损失相对较轻，大部分居民原址或就近安置时，可充分利用原有的垃圾收运设施，对生活垃圾进行收运；居住区受损严重，大部分居民换址安置时，应在居民安置区设置垃圾收集点，采用"垃圾桶＋垃圾收运车"的收运模式。

1）垃圾收运路线应尽可能选择受灾程度轻、保障性强的道路。

2）垃圾桶的设置应方便居民使用，同时应便于垃圾收运车装卸作业。

3）生活垃圾收集点不应设置在易倒塌建筑物旁等有潜在危险的场合。

4）生活垃圾收集点宜有防雨水措施，采用有盖垃圾桶或没有破损的大号塑料袋收集生活垃圾，避免暴露、滴洒和雨水混入。在没有标准收集箱、收集桶的场合，可用塑料桶、废油桶、竹筐，乃至塑料袋等替代物收集生活垃圾，并设有明显标志。

5）运距10km以上时，应采用额定荷载5t以上的运输车辆；运距达20km以上时，应采用额定荷载8t以上的运输车辆或通过临近的垃圾转运站进行中转运输。

（7）有条件的过渡居住区内可结合未来环境卫生发展的需要，在交通较便利处建设半永久性（使用期3～5年）垃圾收集设施，其设计应遵循密闭、防臭、防蝇、防鼠和方便保洁及清运的原则，并保障垃圾收集设施的供水与供电。

（8）可结合重建规划及未来环境卫生发展的需要选择合适的地点建设半永久性或永久性的垃圾转运站。垃圾转运站建设可参照《生活垃圾转运站技术规范》CJJ 47—2006 的相关规定或要求。

8.4.2 生活垃圾焚烧厂

生活垃圾焚烧厂地震后必须尽快进行修复和重建，以便正常投运。整个修复重建工作，应该按照垃圾焚烧处理的工艺流程及焚烧炉的运行过程严谨有序地进行，防止疏漏。

1. 焚烧厂建（构）筑物

生活垃圾焚烧厂建（构）筑物的修复与重建可以参照《地震灾后建筑修复加固与重建手册》执行。

2. 焚烧厂设备

（1）对于严重破坏或彻底损毁的生活垃圾焚烧处理设备，或修复成本过高，应该进行更换。

（2）对于基本完好或轻微破坏的焚烧处理设备，则经过简单修护后，可以使用，但必须经过相关的试验，合格后方可使用。

（3）对中等破坏的焚烧处理设备，经过技术及经济比较后，确定修复与加固或者更换。

3. 焚烧厂管道及附件

生活垃圾焚烧处理设施中所有的管道及附件在重新使用前，必须经过试验，以确定是否被破坏。若管道或者附件被破坏，应及时修复或者更换，在使用前必须再次进行试验，并应遵照电力工程相关建设标准的要求进行。

4. 保障运行与维护

（1）具有抗震性能的设备设计、设备抗震性能的确认、未达标设备补强的实施；

（2）应快速恢复建立垃圾焚烧处理厂质量管理体系，并进一步完善管理体系；

（3）加强人员上岗培训，确保生活垃圾焚烧厂设施能尽快安全地投入运行；

（4）必要时从外地借调运行骨干及专业人员，确保生活垃圾焚烧设施的正常运行，解决灾区的生活垃圾处理问题。

8.4.3 生活垃圾堆肥厂

1. 分选堆肥处理设施

生活垃圾分选堆肥处理设施的修复和加固包括两部分：一是设备基础部分，二是建

（构）筑物部分。

设备基础修复与加固应根据损毁的程度，按照地基基础鉴定、加固与重建技术执行。

建（构）筑物修复与加固应根据损毁的程度按照《地震灾后建筑修复加固与重建手册》执行。

2. 堆肥厂设备

设备本体按可修复和不可修复分为两类。对于可修复的设备，要由专业设备制造厂家修复，修复后达到出厂前的各项性能指标，主要分为以下几种。

分选堆肥厂的处理设备主要有破袋机、滚筒筛、鼓风机、磁选机等以机械传动为主的设备。对该部分设备的修复主要包括以下几步：

（1）对整台设备进行拆解；

（2）检查电动机是否损坏，如损坏，要送到专业的设备厂家维修，不能修复的立即更新；

（3）检查传动设备是否变形，如鼓风机的叶片，破袋机、滚筒筛的筛分滚筒等，如变形应进行修复，局部变形严重的叶片或筛板，需要更换；

（4）检查设备支座和机体外壳，如轻微变形，需修复，严重变形，需更换；

（5）零部件检查修复完好，支座和外壳修复更换后，进行设备组装；

（6）单机试车，设备运转参数达到出厂前的指标。

3. 重建与维护

（1）重建

生活垃圾分选堆肥处理设施在地震中损毁比较严重，不能修复和加固或修复加固的费用较高的，应重建，但应遵循以下原则：

1）应满足城市总体规划和环卫专项规划的要求；

2）新建生活垃圾分选处理设施应技术成熟、设备可靠、投入产出比最佳，能适应垃圾特性，满足环境保护要求，并应充分考虑余震可能带来的影响；

3）垃圾分选堆肥处理设施震后，主体建筑修复所采用的抗震设防烈度必须采用调整后的《中国地震动参数区划图》GB 18306—2015 规定的地震基本烈度。

（2）保障运行与维护

震后，垃圾分选堆肥处理设施的保障运行与维护尤为重要。

1）生活垃圾分选堆肥处理设施各岗位操作人员必须了解处理工艺，熟悉本岗位设施、设备的技术性能和安全操作、维修规程；

2）震后，尤其应重视分选堆肥过程中的二次污染，渗沥液应有序收集，达标排放，生活污水和生产废水要排入污水管网，要防止垃圾的洒落，及时做好车间内和厂区的卫生防护工作；

3）应做好车间内和厂区消毒，要配备专职消杀队伍，保障工人的身体健康。

8.4.4　生活垃圾填埋场

1. 垃圾坝

垃圾坝就筑坝材料分为：均质土坝、渣料坝（风化料坝）、堆石坝、浆砌石坝、混凝土坝。因筑坝材料不同，受灾形式也不一样，治理办法也有所不同。垃圾坝与水库坝的不同之处在于坝体内没有渗透水，因此，垃圾坝的修复与水库坝的修复有些不同。

（1）均质土坝、渣料坝、堆石坝的修复加固

1）坝顶不均匀沉降、凸凹不平的修复加固

如坝上游的垃圾堆体也随坝顶同时下降时可将坝顶找平修整，而不必恢复到原坝高的高程。坝顶平整后再根据垃圾堆体的边坡比对垃圾堆体坡面进行修整。

2）坝面滑坡的修复加固

可将滑坡体进行翻压，翻压程度达到滑石以下 0.2m 深度处，人工夯实，压实度 0.9~0.95，根据滑体厚度采取由上至下或由下至上进行翻压，翻压施工时应注意施工安全。

3）对凸凹不平坝面的修复加固

凸出部分铲除，凹陷部分分层回填夯实，回填前将回填部分坝面的植物层和杂物清除干净，采用人工夯实，回填料同原坝料。

4）坝裂缝的修复

将裂缝开挖成上大下小的 V 字形沟或 T 字形沟，沟深最好达裂缝尖灭处，然后回填与坝体相同性质的回填料，分层夯实，压实度 0.7~0.75。

对堆石坝产生的裂缝不明显的，可局部回填毛石填平即可。

5）修复后坝的护坡

在坝顶、坝坡面、裂缝治理后按护坡材料和形式进行坝的护坡。

（2）浆砌石坝、混凝土坝的修复加固

1）坝体裂缝的修复加固

采用灌浆办法恢复坝体的整体性和力学性能，灌浆材料可采用水泥浆或化学浆。

2）对破裂的坝体修复加固

可采用锚固技术加固、恢复坝体的整体性和力学性能，如用锚杆、预应力锚索等。

3）坝体倾斜的修复加固

浆砌石坝、混凝土坝一般都建在基岩上，倾斜较难发生，即便发生倾角也不会太大。为了恢复坝体稳定性，可采用重力墙堆石坝构造形式，即上游侧为混凝土或浆砌石坝体，下游侧堆石。就是将震坏的混凝土坝或浆砌石坝作为重力墙，在下游侧用堆石加固。在堆石加固的同时，采用灌浆、锚杆等方法恢复坝体的整体性。

根据坝的歪斜程度，堆石体外坡可为 1:1.2~1:1.5，堆填时将堆填体的地基清至岩层或砂砾石层。堆石体高度可不与坝体同高。当堆石体不与坝体同高时，堆石体顶宽不小于 4m，以便施工时通车。

堆石应为新鲜大块石，堆石孔隙率不应大于 30%，堆石方法可抛填，也可碾压。

2. 填埋场

（1）防渗衬层的修复

1）如果填埋场设有检漏设施，能查出渗漏点时，除可以采取开挖修复外，还可以采取局部封闭方法，如灌浆防渗帷幕法和搅拌桩帷幕法等。

2）如果垃圾填埋体很厚无法开挖，又找不到渗漏具体位置时，可将垃圾表面碾压平整、重建防渗衬层上的卵石（碎石）导流层和渗沥液导排管道系统。

（2）渗沥液管道导排系统和地下水管道导排系统的修复

因两系统在防渗层的上面和下面埋设，均为开孔的花管，并且是埋在卵石层中，有错断和移位时，不会对排渗和导流造成大的影响，所以可不对其进行修复。

（3）导气石笼的修复

导气石笼埋于垃圾层中，是随填埋场升高而逐渐加高的，在垃圾填埋作业中，石笼周围受挤压的力是不均匀的，正常情况下石笼本身也不是垂直的，而且石笼的数量较多，所以不必对埋于垃圾中的石笼部分进行修复、恢复作业，仍按照原位置和办法加高石笼即可。

3. 截洪沟

（1）山谷形填埋场截洪沟的修复与重建

1）清除截洪沟沿线的滑坡体、泥石流堆积体及沟内的泥土、碎石和杂草。

2）对截洪沟滚落段重新选线重建。截洪沟断面仍采取原断面和结构，重建段截洪沟坡度取两端沟底之差除以重建段沟长，作为重建段沟底坡度。沟底应坐落在土岩石或老土上，超挖部分用浆砌石回填，并按原截洪沟材质和断面尺寸进行修复。

（2）平地形、坑式、斜坡形填埋场截洪沟的修复与重建

对扭曲、起伏不平、错断之处按原断面尺寸、坡度和材质修复即可。

4. 污水调节池

（1）下挖坑式污水调节池

1）用浆砌石或回填土的办法将池顶周边恢复成水平状，同时砌筑或挖出防渗衬层锚固沟。

2）修补防渗衬层。

3）修补HDPE管道穿过HDPE膜处的接口。

（2）钢筋混凝土污水调节池

按一般土建构筑物修复、加固与重建。

5. 污染监测井

（1）锁口构筑损坏可进行修复。

（2）井筒歪斜、错断需重新打开重建。

6. 渗沥液处理厂

渗沥液处理厂的修复加固与重建技术可按照污水处理厂的修复加固与重建技术进行。

7. 填埋场所用机械设备

填埋场所用的各种机械设备，不可继续正常作业的，依照各专业机械类别请专业厂家和专业人员进行维护和修理。无法修理的考虑重新配置同等功能和数量的作业机械。

8.4.5 粪便处理厂

粪便处理设施的修复与加固包括建（构）筑物的修复与加固、各类设备和管道修复、更新以及厂内公用工程及外部边界条件的修复与加固。

1. 建（构）筑物

（1）各类建（构）筑物的修复与加固改造原则

对于基本完好或轻微破坏的建（构）筑物，如果建（构）筑物所在地区的抗震设防烈

度没有调整，则经过简单修护后，可以使用；如果建（构）筑物所在地区的抗震设防烈度已经调整，则应该按照调整后的设防基本烈度进行相关评估，采取对应的修复或加固改造措施。

对于中等破坏的建（构）筑物，根据调整后的设防烈度，必须采取技术可行、经济合理的修复与加固改造方法。

对于严重破坏的建（构）筑物，根据破坏程度以及按照调整后的设防烈度进行修复与加固改造费用的估算，确认没有加固改造价值的，建议拆除；可以加固改造后使用的，必须采取切实可行的加固改造方法。

（2）建（构）筑物修复加固改造技术的选择

震后建（构）筑物类型可分为砖混结构、钢筋混凝土结构和钢结构三类。

技术人员和业主协商，根据建（构）筑物类型以及破坏程度，结合使用要求、城市规划和加固难易等因素的分析，通过技术经济比较，提出相应的维修、加固、改造或更新等具体对策。

针对不同结构类型采取相应的加固技术，使结构加固达到既确保安全，又经济合理。

具体加固方法可参照《地震灾后建筑修复加固与重建手册》执行。

2. 设备和管道

（1）对设备机械部分修复、更新

1）设备主体

检查系统各设备是否与原位置相符，如发生错位，应恢复其原来位置。各设备地脚螺栓固定是否牢固，发生松动需紧固。设备与设备之间错位，需恢复原位置。

2）设备机械结构

检查系统各设备是否因振动或掉落重物发生变形，如发生变形需维修或更换。

3）连接管路

检查各系统连接管路是否变形或断裂，如发现变形或断裂可依据程度不同校正、焊接或更换管路。

4）各设备驱动电机

检查系统的各个驱动电机是否出现漏油情况，需更换受损的壳体并补足润滑油。

（2）电气设备的修复与加固

1）电气控制柜

检查电气控制柜是否变形或发生位移，需恢复电气控制柜位置并固定；更换受损的电气元件；根据电路图，检查电控柜内部电路连接，恢复受损电路。

2）电气控制柜与设备之间连接线路

根据电路图检查电气控制柜内连接端子是否连接正确，紧固松动端子；检查电气控制柜与设备之间的连接电缆线，更换漏电、折断的电缆线；检查设备端接线端子，紧固松动端子。

3）电气控制柜通电启动

通过以上步骤排除漏电危险、检查进电电压后可启动电气控制柜。

（3）启动设备

以上检查、修复和更新完成后，启动各个设备，检测各设备的运转情况。

1）手动启动

手动模式下启动各设备，如各驱动电机正常反应，开启设备一个周期。观察设备运转是否正常、是否有异响，如有异响，查找异响原因，维修或更换异常部件。

2）清水启动

将系统各设备内充满清水，手动启动系统，检查工作状态下设备是否漏液。如有漏液，修补或更换破损部件。而后打开自动模式，检查整套处理系统仪器仪表是否正常，如有损坏，更换损坏的仪器仪表。

3）试运转

完成以上步骤后可连接、试运转整套设备，观察处理效果，调试设备。

调试使设备运转正常，处理效果达到设计要求，直至系统稳定运行。

3. 公用工程及外部边界条件

厂内公用工程及外部边界条件包括道路、给水、排水、供电等边界条件，其修复、更新和加固遵照相应行业及专业的修复加固办法执行。

通过修复、加固和更新，粪便处理设施内的建（构）筑物、各类设备、管道达到设计能力，满足各项标准、工艺、安全要求，可以恢复生产。

4. 重建与规划

《环境卫生设施设置标准》CJJ 27—2012 规定：粪便的处理应逐步纳入城市污水管网，统一处理。在城市污水管网不健全的地区，化粪池粪便可设置粪便处理厂或通过粪便预处理厂预处理后排入污水处理厂。

应鼓励灾后重建的城市粪便实行管道化排放，进入城市污水管网系统；或经收运后建设粪便消纳站进行固液分离实现无害化处理；或进行农田农用。禁止粪便直接排放到自然环境中，或收运后乱排乱倒。

在城镇的污水管网范围内合理设置小型粪便消纳站。粪便处理设施的规划应按照城市总体规划、城市环卫专项规划执行。

小型粪便处理站由专人负责管理，应装备固液分离设施，粪水排入城市污水管网，粪渣袋装密闭化收运到市垃圾处理厂最终处置。

小型粪便消纳站应为密闭式建筑，周围设立绿化隔离带，并装备除臭装置，防止对周边环境造成危害。

重建应按相应的标准、规范执行。

5. 保障运行与维护

粪便处理设施防灾主要分为两个不同的阶段，分别为：灾前预防、灾后快速修复。

灾前预防措施主要包括：选用抗灾性能好的设备，这些设备要通过抗灾设计、抗灾补强以及日常良好的维护来保持其较好的抗灾性能。

灾后要快速进行恢复。可采取的措施有很多，包括：应急快速恢复物资的保障、保持恢复工作的畅通等。

灾后恢复生产应首先恢复原有的生产管理体系，各个岗位的操作人员应经过技术培训，并经考核合格后方能上岗。

粪便处理设施的运行和维护应按照《粪便处理厂运行维护及安全技术规程》CJJ 30—2009 执行。

8.5 国外借鉴：日本震后固体废弃物分类处置实践经验

日本是一个地震多发国家，在地震灾后的环境保护方面也是成熟度较高的国家之一，其在震后固体废弃物处理处置方面积累的成功做法和经验值得借鉴。对固体废弃物进行回收和循环利用，最有效的途径是对其进行分类收集，这也是很多发达国家在实践中形成的共识。为了促进震后固体废弃物的循环利用，日本环境省制定了《震灾废弃物妥善处理与资源化计划》，用"减量化、再利用、资源化"的循环经济理念指导震后固体废弃物的紧急处理、建筑物大规模拆解、基础设施全面重建和产业创造性复兴的全过程。在地震发生后最短时间内，日本环境省就制定了废物处理计划，以指导固体废弃物的处理处置，最大限度地对废墟和废物进行分类，促进循环利用。

8.5.1 处理处置流程

日本震后的废墟清理任务非常重，但处理程序却非常严谨有序。日本震后固体废弃物的处理处置一般流程见图8-1。日本将震后废墟和垃圾进行了严格分类，从灾区和周边地区清理出来的建筑废墟和海啸垃圾先被运送到一次临时堆置场，经简单分类，分成木材类、金属类、家电类以及汽车残骸等可回收物品以及需要焚烧或填埋的废物，然后再被送到二次临时堆置场。在二次临时堆置场进一步通过机械和人工联合作业的方式分拣出废旧金属、电子产品、汽车、建筑木材、榻榻米垫、鱼网和塑料等（见图8-2）。除分类回收各种资源外，瓦砖、混凝土等不易回收的固体废弃物被粉碎之后在确保安全的前提下可用于填海、铺路、填充洼地等。

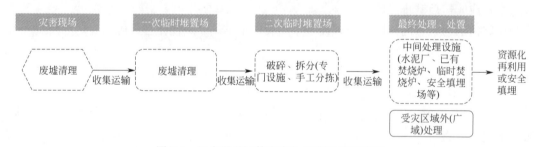

图8-1 日本震后固体废弃物处理处置流程图

8.5.2 处理处置途径

由于日本的住宅多为木制结构，这些木材经过海水浸泡后盐分比较高，焚烧处理时会产生严重危害环境和健康的二噁英类物质，所以木材类废物的处理一度成为棘手的课题。对此，受灾地区政府将分拣出的木材取出杂质后通过专用机械粉碎加工成木屑，再将这些木屑出售给相关企业加入粘合剂后高压成型，作为家具和建筑木材的原料使用。这样不但避免了焚烧过程中产生的二次污染，而且获得的利润还可支援重建。经过严格的分类和循环利用，这些震后固体废弃物基本上做到了物尽其用，并在处理的同时就进行了灾后恢复重建。虽然整个固体废弃物分类处理、环境重建过程需要较长时间，但也最大限度地保护了环境。日本主要震后固体废弃物的处理处置途径见表8-8。

图 8-2 日本震后固体废弃物分类

(a) 震后一片狼藉的街道；(b) 分类收集的废旧汽车；(c) 分类收集的木材类废物；(d) 分类收集的金属类废物；
(e) 分类收集的危险废弃物；(f) 分类收集的废旧电器；(g) 分类收集的废旧轮胎和榻榻米床垫；
(h) 破碎后的水泥构件和砖瓦石块；(i) 机械分拣和人工分拣作业；(j) 水泥建筑构件破碎作业；
(k) 木材类破碎作业；(l) 可燃垃圾焚烧作业

日本主要震后固体废弃物的处理处置途径　　　　表 8-8

固体废弃物类别		处理方法	最终去向
易燃物	生活垃圾、被服、草木等	破碎、焚烧、堆肥	焚烧发电、有机肥、燃料
不可燃物	沙土、碎石、砖瓦、玻璃、石膏等	破碎、筛分、堆肥	建筑材料、填海、有机肥
混凝土废料	混凝土预制板、建筑构件、沥青等	去筋、破碎、筛分	建筑材料、铺路、填海
木材废料	木质门窗、房屋梁椽、树木等	脱盐、破碎、焚烧	建筑材料、燃料
废旧金属		分类收集	回收再利用
塑料制品		分类收集	回收再利用
家电、汽车	电视机、洗衣机、空调器、电冰箱、汽车等	拆解、分选	由制造商负责回收处理
危险废物	持久性有机污染物、印刷电路板废弃物、石棉制品、医疗垃圾等	危险废物专门处置单位收集处理	

8.5.3 "广域处理"的推进体制

据日本环境省统计，2011 年东日本 9.0 级大地震后重灾区岩手、宫城、福岛三县沿岸共约有 2253 万 t 震灾垃圾，其中岩手县 476 万 t、宫城县 1569 万 t、福岛县 208 万 t，数量远远超过当地的垃圾处理能力。如此严峻的形势，根本无法实现日本政府既定的到2014年3月完成震后垃圾处理的目标。因此，日本政府决定通过日本全境"广域处理"模式由各地协助分担处理震后垃圾。为推进"广域处理"，采取了一系列措施，其中包括：（1）向地方政府明确提出希望处理垃圾的种类和数量，争取合作；（2）对垃圾进行安全性评估，确定辐射强度等接收基准；（3）加强焚烧设施排气净化装置等方面的技术支持；（4）请求水泥公司等民间企业进一步提供合作；（5）从中央财政中向接收震后垃圾的自治体提供补助等。日本震后固体废弃物的"广域处理"推进体制见图8-3。

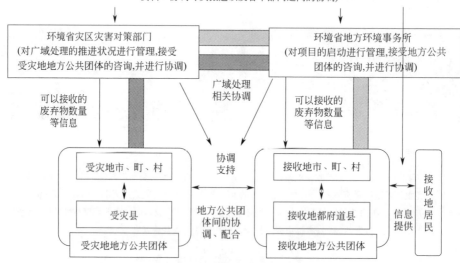

图8-3 日本震后固体废弃物的"广域处理"推进体制

第 9 章 避灾场所与避灾绿地

"5·12"汶川 8 级大地震及频繁发生的余震对灾区造成了巨大的损失,有几百万的灾民需要在废墟上进行避灾安置,灾区需要搭建帐篷和临时性住房等避灾住所。面对这些突如其来的灾害和困难,反思城乡规划中的防灾避灾系统规划与避灾绿地建设问题,有助于将来此类灾害发生时减少人员伤亡和财产损失。

9.1 汶川地震避灾场所概况

在"5·12"汶川大地震中受灾较严重的市县主要包括:都江堰市、德阳市、绵阳市、彭州市、什邡市、绵竹市、汶川县、北川县、青川县等。按照受灾城镇所处的地形条件可将其分为三类:山地城镇、山前平原城镇和平原城镇。山地城镇由于地质灾害易发、城市建设用地条件紧张、对外交通联系脆弱,在本次震灾中遭受到了严重毁坏甚至毁灭性破坏。相比而言,从用地、交通等方面,平原城镇具有相对较好的避难救灾条件。

本次受灾城镇避灾场所主要包括广场、体育场馆、公园绿地、学校校园、市场、厂区、路边绿地与空地等(见图 9-1～图 9-3),均就地选择具有开敞空间的地点作为临时避灾场所,缺少用于救灾应急安置的场所及设施条件,尚无具有专门应急避灾设施的城市避灾绿地。受灾城镇避灾场所的紧缺现状,暴露出现状城市建设中避灾绿地严重缺失、避灾体系不健全的问题。

图 9-1 绵阳九洲体育馆安置了北川、安县等地上万名地震灾民

图 9-2 成都市四川大学体育场内避灾群众　　图 9-3 德阳市居民在绿地里避灾

9.2 城市避灾场所用地分析

9.2.1 城市避灾场所组成

据《北京中心城地震及应急避难场所（室外）规划纲要》，对城市应急避难场所的涵义确定为：具有一定规模的平坦用地，配套建设了应急救援设施（设备），或地震后相关设施可以进行相应功能转变，储备应急物资，设置标识，能够接收受灾市民疏散避难，并确保避难市民安全，避免震后次生地质灾害和火灾等危害，以及方便政府开展救灾工作的场所，主要包括公园、绿地、体育场、操场、广场等室外开放空间。

9.2.2 避灾场所人均用地指标需求

由于具体情况不同，国内外对城市避灾场所人均用地指标的规定各不相同。日本《强烈地震发生时的避难生活手册》确定的大型集中避难用地人均安全面积标准为 $2m^2$（至少不低于 $1m^2$）。《北京中心城地震及应急避难场所（室外）规划纲要》提出，紧急避难场所人均用地面积标准为 $1.5\sim2.0m^2$，长期（固定）避难场所人均用地面积标准为 $2.0\sim3.0m^2$。即各类避灾场所合计人均用地面积标准应不低于 $3.5\sim5m^2$（该数值仅包括避灾场所应配备的棚宿区、应急物资存放、厕所、指挥、医疗救护等用地，不包括避灾场所内部道路、水域等面积）。日本根据本国人多地少的城市用地紧缺现状，还是严格规定了城市防灾公园的面积指标：按城市人口计算，不少于 $7m^2/人$。

汶川抗震救灾中，救灾工作组提出了灾民安置点等级规模初步方案，人均用地面积需要 $10m^2$，该数值包括了避灾场所的各类主要设施、道路、医疗点等用地，是根据多为山地的灾区提出的安置用地指标。

根据汶川震区过渡性住房安置条件的要求，经过初步推算，基本满足地震避灾所需要的城市公共绿地的建议指标为 $10\sim12m^2/人$（计算指标为 $9.6\sim11.5m^2/人$）。如果按照每个过渡性临时住房标准 $20m^2/间$，房间之间的防火安全距离 $4m$，每套房间平均居住 5 口人左右，考虑临时住房区内需要有简易道路、医疗、给水、供电、管理等基本设施，人均避灾安置用地指标约需 $12m^2$。如果各类公园分担 40%，学校校园、城市广场、体育场馆等分担 60%，仍需要避灾公园绿地 $4.8m^2/人$。如果 $1/2$ 的城市公共绿地可以作为避灾用地使用，需要城市公共绿地不少于 $9.6m^2/人$。如果 $1/3$ 的城市公共绿地可以作为避灾用地使用，需要城市公共绿地 $14.4m^2/人$；如果再考虑地震发生时 80% 的居民需避灾安置，则城市公共绿地约需 $11.52m^2/人$。

9.2.3 城市可提供的避灾场所人均用地分析

从"5·12"汶川大地震的灾后临时避灾安置来看，灾区的城市及县城很难找到现成的可以搭建临时过渡性住房的场地。过渡性住房建设选址、清理废弃垃圾、平整建房场地成了影响过渡性住房建设进度的直接因素之一，给灾民生活带来了次生影响，这也从一个侧面反映出我国城市避灾场所用地实际上处于严重欠缺状态。

我国现行城市规划各类规范中虽然没有对避灾用地指标的明确规定，但通过绿地、广场、教育、体育等具有避灾作用的用地指标要求（见表9-1），可估算出城市可提供的避灾场所人均用地面积。

相关技术规范中城市可提供的避灾场所规划用地指标统计表　　表 9-1

编号	可作为避灾场所的城市用地	人均规划用地指标（m²/人）	指标依据
1	绿地与广场用地	≥10，其中公共绿地≥8	《城市用地分类与规划建设用地标准》GB 50137—2011
2	交通场站用地	≥1.8	
3	居住用地中的教育用地	组团 0.3～0.5 小区 0.7～2.4 居住区 1.0～2.4	《城市居住区规划设计规范》GB 50180—1993（2002年版）
	居住用地中的绿地	组团≥0.5 小区（含组团）≥1 居住区（含小区和组团）≥1.5	
4	教育科研用地（高等院校、中等专业学校、中学、小学、科研事业单位及其附属设施用地，包括为学校配建的独立地段的学生生活用地）	小城市 2.5～3.2 中等城市 2.9～3.8 大城市 3.0～4.8 不等	《城市公共设施规划规范》GB 50442—2008 附录 A：城市公共设施规划用地指标汇总表
5	体育用地	小城市 0.6～0.7 大城市 0.6～0.8 不等	

注：1. 表中人均规划用地指标均包括建筑用地；
　　2. 居住用地中的教育用地指幼儿园、中小学用地。《城市用地分类与规划建设用地标准》GB 50137—2011 已经将中小学用地划归到教育用地类别中，但居住区规范和公共设施规范均未做相应更新，所以此处仍放在居住用地中沿用原来指标，不影响用地指标总数的计算；
　　3. 教育科研设计用地的人均指标包括科研设计用地；
　　4. 表中绿地包括其中的水面、建筑等用地。

对城市可提供的避灾场所人均用地面积进行初步测算，以上每类用地如果按最低指标计算，城市可提供的避灾场所人均用地面积（含建筑、水面、树林等占地）合计约为15.7m²（其中8m²为公共绿地）。

考虑到城市绿地中含有水面、陡坡、树林等不适宜作为避灾场所的用地，一般公园绿地中可作为避灾场所的用地在50％左右（根据初步调查得出，对于山地城市，如果绿地以山地为主，该比例将更低）。各类学校仅有操场等开阔地可作为避灾场所，该项人均用地指标的计算应乘以系数（据调查，高等学校各类运动场地占学校用地的比例约为25％～30％，中小学运动场地占校园面积的35％～40％左右）。

按照上述比例排除不适宜用地，经计算，城市可提供的各类避灾场所人均用地面积合计约为9m²（其中4.2m²为公共绿地），理论上可以满足城市避灾场所人均用地面积标准不低于3.5～5m²的标准（该理论数据未考虑其中长期避灾场所面积比例问题，也未涉及避灾场所在城市中的合理布局等规划问题）。

但是，由于避灾场所最小面积、周边安全距离等因素的限制，部分面积较小、与建筑距离较近的绿地或运动场地无法承担避灾功能，而且目前我国部分城市的现状绿地建设还没有达到人均公共绿地7m²的水平，因此实际可提供的避灾场所面积将少于计算数值。

9.2.4 城市避灾场所用地解决途径

根据城市避灾场所的多重功能特性，解决城市避灾场所用地缺失问题应从两方面着手：一方面是应大力加强城市公共绿地建设，保证足够的绿地指标，在城市绿地规划与设计中考虑避灾需求，发挥城市公共绿地的避灾作用；另一方面是其他用地发挥避灾作用，严格按照规范规划建设城市体育用地和各类学校内的运动场地，同时适当建设适用于避灾的城市广场，有条件的可采用较高用地标准，并结合避灾场所的相应要求进行建设。

由于城市体育设施、各类教育设施均根据城市人口规模及用地条件按标准配建，在用地上无法大面积提高，因此增加城市绿地和广场尤其是增加具有长期（固定）避灾功能的公园绿地是解决城市避灾场所问题的主要途径。

由于并不是所有的公园绿地都适宜作为城市避灾场所，因此应根据城市防灾规划和绿地系统规划，合理选择有条件的用地，建设具有长期（固定）避灾功能的公园绿地。

9.3 避灾场所与避灾绿地建设措施建议

为加强城市避灾场所与避灾绿地的建设，提出以下措施建议：

9.3.1 健全避灾场所、城市避灾绿地建设的法律法规

（1）健全城市避灾场所规划建设的相关法律法规，保证避灾场所面积总量与布局的合理，特别是在城市人口密集区、高层建筑密集区、用地有限的山地城镇，要强制性规划开放空间作为避灾场所，健全城市避灾体系，完善避灾绿地内的应急救援设施，避灾场所的选址应防止受次生灾害影响。

（2）保证避灾场所在城市规划各阶段的具体落实。《中华人民共和国城乡规划法》、《城市规划编制办法》等都将防灾减灾规划作为城市和镇总体规划阶段的强制性内容，但在城市控规、修建性详规阶段，并没有关于避灾场所的明确规定，《城市抗震防灾规划管理规定》、《城市黄线管理办法》等专项规划仅要求"抗震防灾措施应当列为城市总体规划的强制性内容，作为编制城市详细规划的依据"。

（3）城市绿地作为城市主要避灾场所，应当制定避灾绿地体系规划及有关城市避灾公园建设的专项法规，明确城市避灾绿地规划的地位和作用；应加强对避灾绿地建设的财政支持，制定避灾绿地建设相关优惠政策。

9.3.2 制定城市避灾绿地规范标准，加强避灾绿地体系技术研究

（1）加强避灾绿地规划研究，针对城市地理位置、环境条件、城市规模、城市形态和布局特点，研究相应的避灾绿地体系规划内容。

（2）在城市园林绿地系统规划的基础上，确立城市防灾避灾绿地面积指标，充实与完善城市避灾绿地体系规划，预留城市避灾绿地、避灾通廊、救灾通道，构建层级配置合理的城市避灾绿地体系（见图9-4）。

（3）研究各级避灾场所、避灾公园绿地设施设置标准，加强避灾绿地在平时和灾害发生时使用功能互相转换的研究，制定城市避灾公园绿地规划规范和城市避灾公园绿地规划设计导则。

（4）学习、借鉴、积极研究各项避灾设施建设的具体技术，如紧急供水、节能环保型

电力设施等。

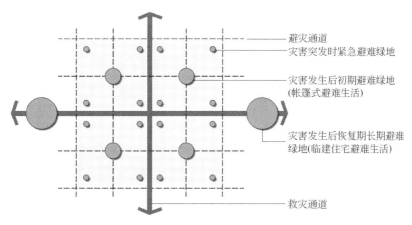

图 9-4 城市避灾绿地规划结构示意图

9.3.3 采用多种方式、有针对性地建设各级避灾公园绿地

由于各级避灾公园绿地的功能、规模、服务半径等具体要求不同，对于大型的长期（固定）避灾公园、小型的紧急避灾绿地应采取不同的建设思路和建设方式。大型的长期避灾公园可积极利用城郊及城市组团间绿地进行建设，小型的紧急避灾绿地可结合服务半径建设。根据城市发展建设状况和防灾减灾体系建设需要，城市避灾绿地可以新建，也可以选择现有公园绿地按照避灾设施要求进行改造。

在城市公共绿地建设中应充分考虑公园平时游览和震时防灾避灾的多功能重叠特点，公园规划设计应兼顾游览景观、生态环境与防灾避灾使用的需要。

由于避灾公园绿地的建设要求不同于普通的公园绿地，避灾公园用地应平整、开阔、减少水面，紧邻公园不宜有高层建筑，公园内部的空间形式、交通流线与一般公园不同，景观风格更简洁，并充分利用地下空间建设避灾设施。因此，要避免将所有的城市绿地都视为避灾用地，应区别对待，根据避灾需要将条件适宜的城市绿地建设为避灾公园，并安排相应的避灾设施。

9.3.4 建立分级、分期制定防灾避灾绿地指标体系

总结受灾城市避灾绿地建设缺失的经验、教训，不难发现单一的避灾绿地指标不能满足灾区现场的需求，在地震等灾害发生的不同时间，人们对于避灾绿地的需要也是不同的。按照地震等灾害发生时间阶段人们的不同需求，确定不同区位和规模的避灾绿地指标，就显得十分必要。因此，我们提出在灾害突发时、灾害初发后、灾后恢复时实行三个避灾绿地指标的意见（见表 9-2）。

（1）紧急避难。灾害突发时（灾害发生当天内），执行 $1\sim2m^2/$ 人；可以满足站立的基本空间，宜布置在步行 1min 能到达的地方，如：小区集中绿地。

（2）初期避难。灾害初发后（灾后 1 日至数周内），执行 $3\sim5m^2/$ 人；可以满足简易帐篷搭建空间，宜布置在步行 10min 能到达的地方；服务半径 300～500m。

（3）后期避难。灾后恢复时（灾后数周至数年内），执行 $10\sim12m^2/$ 人；可以满足过

渡性住房等搭建空间，宜布置在服务半径1000～2000m的地方。

不同时期避灾绿地规划指标　　　　　　　　　　　　　　　　表9-2

避灾时期	灾害发生时间	基本指标（m²/人）	要求	服务半径
紧急避难	灾害突发时（灾害发生当天内）	1～2	满足站立的基本空间	步行1min到达
初期避难	灾害初发后（灾后1日至数周内）	3～5	满足简易帐篷搭建空间	步行10min到达，300～500m
后期避难	灾后恢复时（灾后数周至数年内）	10～12	满足过渡性住房等搭建空间	1000～2000m

地震造成的灾害是巨大的，从城市规划层面进行防灾避灾规划，提前预留足够的避灾用地，首先是一个防灾意识和认识问题，其次才是技术或者操作的问题。

9.4　国外借鉴：日本避灾绿地建设实践经验

9.4.1　日本的绿地管理与建设要求

1923年的关东7.9级大地震使东京40％的建筑物夷为平地，受害者超过百万人，死亡者多达9万人。地震发生后，当时大约70％的东京人口即157万市民把公园等公共场所作为避难处。1995年日本兵库县南部的阪神—淡路7.3级地震中，城市公园发挥了避难疏散的重要作用。30万人被分散在1100个避难所中，神户市的27个公园成为居民紧急避难所，避难人数仅次于各类学校。

日本关于防灾公园建设的相关法规较为健全，包括《城市公园法》（1956年）、《灾害对策基本法》（1961年）、《城市绿地保全法》（1973年）、"紧急建设防灾绿地计划"（1986年）、《城市公园法实施令》（1993年）、《防灾公园规划设计导则》（1999年）、《防灾公园技术便览》（2000年）等，这些法规制度对于推动防灾公园的建设起到了重要作用。

在加强政策引导的同时，日本政府还注重提供防灾公园建设财政支持，建设防灾公园可以从中央政府获得资金补助，其中包括土地征用费的1/3、设施建设费的1/2等。

同时，日本对防灾公园的指标以及管理要求严格，按城市人口计算，每人占有防灾公园面积应不少于7m²。阪神地震后，日本建设了首个广域防灾据点三木综合防灾公园，面积达202hm²，可容纳灾害时的大型救援队，接纳和运送全国及世界范围的救援物资和大型器械，可作为灾后救援重建的基地。

借鉴日本的防灾公园体系，国内城市避灾公园体系通常包括具有长期（固定）避灾功能的中心避灾公园、固定避灾公园，以及具有临时避灾功能的紧急避灾公园（见表9-3）。

城市避灾公园建设要求　　　　　　　　　　　　　　　　表9-3

绿地名称	规模要求	布局原则	设施要求
中心避灾绿地	>50hm²	50万～150万人1个	完善的生命线工程配套设施以及指挥中心、卫生急救、直升机坪等
固定避灾绿地	10～50hm²，最小2hm²	服务半径2～3km，步行0.5～1h	消防、广播通信、储备仓库、抗震贮水槽、地下电线等

续表

	绿地名称	规模要求	布局原则	设施要求
紧急避灾绿地	地区公园、近邻公园	>1hm², 人均 2m²	服务半径 0.5km, 步行 5～10min	消防、应急饮用水、应急物品
	街区公园	>500m²	服务半径 0.3～0.5km, 步行 3min	
	绿道	宽度 10m 以上		

9.4.2 日本大洲防灾公园、蚕系三森公园案例

大洲防灾公园规模近 3hm²，是日本的"都市再生机构"在 1999 年秋季创设的《防灾公园街区建设事业》中的首例，随着这个公园的获奖，更带动了这项建设事业在日本全国的展开。

2001 年竣工的大洲公园坐落于日本千叶县市川市的旧单栋式住宅区内，当时由住民对公园建设的可能性进行推敲，1 年后才由政府在城市规划修订上作出决策，2 年后建设事业被正式认可，到正式开放经历了 4 年（见图 9-5）。公园建设的目的是在日常可以为社区住民提供休憩娱乐的场所，灾害发生时它可成为临时避难地并为受灾前线的救援物资输送提供中转基地，具有双重功能。

公园的特色可以归为以下 6 点：（1）有充实的防灾设施；（2）可以充当避难和救援的场所；（3）具有连接广域避难基地和邻接公共设施的功能；（4）不影响日常公园使用的防灾空间和设施群；（5）它是住民参与规划的一个样板；（6）它与周边市街地的翻新建设形成一体。

走进这个公园，首先感受到的是"快适"和"安全"。公园的四周几乎都是常绿阔叶树构成的防火林带，中央区是各类多功能广场、草坪。当你走到一条园椅前时，你会发现只要取下座椅上半部，就可以利用它的凹形基部做临时野炊。当你走到一个廊架下时，可以看见梁部内侧固定着成卷的帆布，灾害时只要一拉，廊架整体就可成为一个大帐篷，可用于避难和救护活动。当然这里还有埋于地下的饮用水储水槽，可供给 1 万人 3d 的饮用水。路旁有临时的地表便槽，应急时可在地上支起 25 个临时厕所与其接通。在公园的宣传栏上，我们可以清楚地看到公园在日常状态的分区、灾害发生之后的分区、灾害发生 3d 后的分区使用规划，使周边居民在日常就可以了解灾害发生后应去哪里集中，去哪里得知亲友的音信等。实现了现代住区公园设计所提倡的：平常时与非常时兼用的统一，支撑"安全"和"安心"的生活，促进居民之间的交流这种三位一体的公园形象（见图 9-6）。

日本的小学是城市防灾网络上的重要据点，在公园绿地建设的实践中，小学和公园常连在一起。下面介绍的蚕系三森公园即属此例（见图 9-7）。这个 2.7hm² 的近邻公园位于东京的杉并区，1986 年在蚕系试验场的遗迹上以"防灾"和"福祉"两个关键词展开而建。由于这个公园是和学校统一建设，被称作"学校防灾公园"。公园的运动场即是小学的操场；住宅区内的运动会、少年球赛等均在这里举行，小学的校园、公园广场由杉并区的教育委员会统一管理。此园因建成有 30 年，现在已经是大树成荫，在 30 多年没有发生严重灾害的平常日子里，能够作为一个供学生、市民共同享受的自然空间，也是它多年来受到专家好评的原因之一（见图 9-8）。由于小学校区在日本的住区规划和防灾规划中所

占的特殊地位，今后在新城建设时同样实例还有很多。

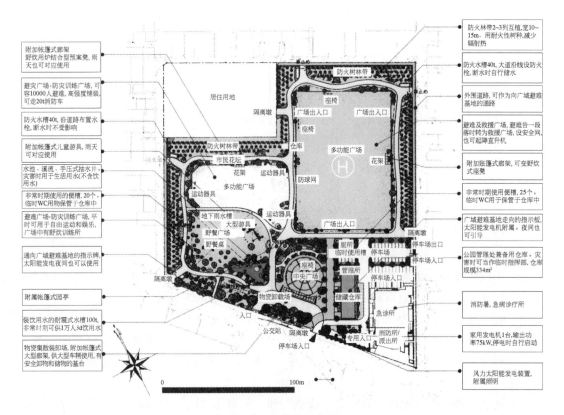

图 9-5　大洲防灾公园

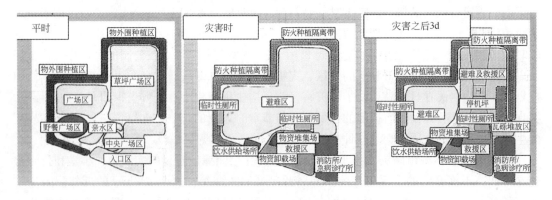

图 9-6　大洲防灾公园利用形态

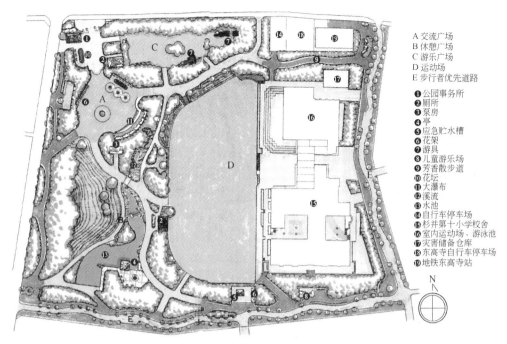

图9-7 蚕系三森公园

图9-8 蚕系三森公园内设施

附录　相关法规标准规范

《汶川地震灾后恢复重建条例》（中华人民共和国国务院令 2008 年第 526 号）
《中国地震动参数区划图》GB 18306—2015
《中华人民共和国防震减灾法》（中华人民共和国主席令 2008 年第 7 号）
《中华人民共和国城乡规划法》（中华人民共和国主席令 2007 年第 74 号）
《城市规划编制办法》（中华人民共和国建设部令 2005 年第 146 号）
《城市抗震防灾规划管理规定》（中华人民共和国建设部令 2003 年第 117 号）
《城市黄线管理办法》（中华人民共和国建设部令 2005 年第 144 号）
《城市用地分类与规划建设用地标准》GB 50137—2011
《中华人民共和国可再生能源法》（中华人民共和国主席令 2006 年第 33 号）
《建筑抗震鉴定标准》GB 50023—2009
《地震灾区过渡性安置房建设技术导则（试行）》（中华人民共和国住房和城乡建设部，2008 年 5 月 21 日）
《四川省人民政府关于修改〈四川省工程建设场地地震安全性评价管理规定〉的决定》（四川省人民政府令 2001 年第 146 号）
《地震安全性评价管理条例》（中华人民共和国国务院令 2001 年第 323 号）
《建设工程质量管理条例》（中华人民共和国国务院令 2000 年第 279 号）
《建筑抗震设计规范》GB 50011—2010
《建筑抗震加固技术规程》JGJ 116—2009
《构筑物抗震设计规范》GB 50191—2012
《水电工程水工建筑物抗震设计规范》NB 35047—2015
《建筑物移位纠倾增层改造技术规范》CECS 225—2007
《办公建筑设计规范》JGJ 67—2006
《民用建筑设计通则》GB 50352—2005
《屋面工程技术规范》GB 50345—2012
《建筑内部装修设计防火规范》GB 50222—1995
《公共建筑节能设计标准》GB 50189—2015
《建筑物防雷设计规范》GB 50057—2010
《建筑灭火器配置设计规范》GB 50140—2005
《建筑设计防火规范》GB 50016—2014
《工程建设标准强制性条文：城镇建设部分（2013 年版）》（中华人民共和国住房和城乡建设部，2013 年 8 月 1 日）
《建筑地基处理技术规范》JGJ 79—2012
《20kV 及以下变电所设计规范》GB 50053—2013

《供配电系统设计规范》GB 50052—2009
《低压配电设计规范》GB 50054—2011
《通用用电设备配电设计规范》GB 50055—2011
《电力装置的继电保护和自动装置设计规范》GB/T 50062—2008
《室外给水排水和燃气热力工程抗震设计规范》GB 50032—2003
《饮用水水源地保护区划分技术规范》HJ/T 338—2007
《地表水环境质量标准》GB 3838—2002
《地下水质量标准》GB/T 14848—1993
《生活饮用水卫生标准》GB 5749—2006
《生活饮用水水源水质标准》CJ 3020—1993
《室外给水设计规范》GB 50013—2006
《建筑给水排水设计规范》GB 50015—2003
《泵站设计规范》GB 50265—2010
《城市供水管网漏损控制及评定标准》CJJ 92—2002
《给水排水管道工程施工及验收规范》GB 50268—2008
《给水排水工程埋地铸铁管管道结构设计规程》CECS 142—2002
《给水排水工程埋地矩形管管道结构设计规程》CECS 145—2002
《给水排水工程构筑物结构设计规范》GB 50069—2002
《给水排水工程水塔结构设计规程》CECS 139—2002
《室外排水设计规范》GB 50014—2006
《城镇污水处理厂污染物排放标准》GB 18918—2002
《地震灾区过渡性安置区生活污水处理技术指南（暂行）》（中华人民共和国环境保护部公告 2008 年第 19 号）
《城市防洪工程设计规范》GB/T 50805—2012
《堤防工程设计规范》GB 50286—2013
《埋地给水排水玻璃纤维增强热固性树脂夹砂管管道工程施工及验收规程》CECS 129—2001
《埋地聚乙烯给水管道工程技术规程》CJJ 101—2004
《埋地硬聚氯乙烯给水管道工程技术规程》CECS 17—2000
《埋地聚乙烯排水管管道工程技术规程》CECS 164—2004
《埋地硬聚氯乙烯排水管道工程技术规程》CECS 122—2001
《埋地排水用钢带增强聚乙烯螺旋波纹管管道工程技术规程》CECS 223—2007
《城镇燃气设计规范》GB 50028—2006
《城镇燃气输配工程施工及验收规范》CJJ 33—2005
《汽车加油加气站设计与施工规范》GB 50156—2012
《输气管道工程设计规范》GB 50251—2015
《油气长输管道工程施工及验收规范》GB 50369—2014
《城镇燃气室内工程施工与质量验收规范》CJJ 94—2009
《城镇道路养护技术规范》CJJ 36—2006

《城市桥梁养护技术规范》CJJ 99—2003
《公路工程抗震规范》JTG B02—2013
《道路交通标志和标线》GB 5768—2009
《安全标志及其使用导则》GB 2894—2008
《城市桥梁设计规范》CJJ 11—2011
《公路桥涵设计通用规范》JTG D60—2015
《公路钢筋混凝土及预应力混凝土桥涵设计规范》JTG D62—2004
《公路桥梁抗震设计细则》JTG/T B02-01—2008
《公路桥涵地基与基础设计规范》JTG D63—2007
《公路工程地质勘察规范》JTG C20—2011
《国家通信保障应急预案》（中华人民共和国工业和信息化部，2011 年 12 月 10 日）
《电信专用房屋设计规范》YD/T 5003—2005
《城市环境卫生质量标准》（中华人民共和国住房和城乡建设部，1997 年 2 月 3 日）
《城市环境卫生设施规划规范》GB 50337—2003
《环境卫生设施设置标准》CJJ 27—2012
《中华人民共和国固体废物污染环境防治法》（中华人民共和国主席令 2005 年第 31 号）
《地震灾区卫生消杀用化学品安全使用与防范提要》（中华人民共和国环境保护部，2008 年 5 月 29 日）
《城市市容和环境卫生管理条例》（中华人民共和国国务院令 1992 年第 101 号）
《城市建筑垃圾管理规定》（中华人民共和国建设部令 2005 年第 139 号）
《灾后废墟清理及废物管理指南（试行）》（中华人民共和国环境保护部，2008 年 5 月 23 日）
《建筑垃圾处理技术规范》CJJ l34—2009
《地震灾区建筑垃圾处理技术导则（试行）》（中华人民共和国住房和城乡建设部，2008 年 5 月 30 日）
《关于做好地震灾区过渡性安置区建设环境保护管理工作的通知》（中华人民共和国环境保护部，2008 年 5 月 29 日）
《地震灾区过渡性安置区环境保护技术指南（暂行）》（中华人民共和国环境保护部公告 2008 年第 17 号）
《地震灾区过渡性安置区生活垃圾处理处置技术指南（暂行）》（中华人民共和国环境保护部公告 2008 年第 19 号）
《城市生活垃圾管理办法》（中华人民共和国住房和城乡建设部令 2007 年第 157 号）
《城市生活垃圾分类及其评价标准》CJJ/T 102—2004
《城市生活垃圾卫生填埋处理工程项目建设标准》（中华人民共和国住房和城乡建设部，2001 年 5 月 15 日）
《生活垃圾焚烧处理工程技术规范》CJJ 90—2009
《城市生活垃圾焚烧处理工程项目建设标准》（中华人民共和国住房和城乡建设部，2001 年 10 月 23 日）
《生活垃圾焚烧污染控制标准》GB 18485—2014

《生活垃圾转运站技术规范》CJJ 47—2006

《生活垃圾填埋场污染控制标准》GB 16889—2008

《生活垃圾卫生填埋处理技术规范》GB 50869—2013

《城市生活垃圾处理及污染防治技术政策》（中华人民共和国住房和城乡建设部、国家环境保护总局、中华人民共和国科学技术部，2000 年 5 月 29 日）

《生活垃圾卫生填埋场封场技术规程》CJJ 112—2007

《生活垃圾卫生填埋场环境监测技术要求》GB/T 18772—2008

《粪便处理厂设计规范》CJJ 64—2009

《粪便处理厂运行维护及安全技术规程》CJJ 30—2009

《环境空气质量标准》GB 3095—2012

《大气污染物综合排放标准》GB 16297—1996

《恶臭污染物排放标准》GB 14554—1993

《工业建筑供暖通风与空气调节设计规范》GB 50019—2015

《工业企业厂界环境噪声排放标准》GB 12348—2008

《混凝土结构加固设计规范》GB 50367—2013

《普通混凝土用砂、石质量及检验方法标准》JGJ 52—2006

《混凝土强度检验评定标准》GB/T 50107—2010

《混凝土质量控制标准》GB 50164—2011

《预拌混凝土》GB/T 14902—2012

《非烧结垃圾尾矿砖》JC/T 422—2007

《蒸压灰砂砖》GB 11945—1999

《蒸压灰砂多孔砖》JC/T 637—2009

《混凝土多孔砖建筑技术规程》DB/T 33/1014—2003

《普通混凝土小型砌块》GB/T 8239—2014

《轻集料混凝土小型空心砌块》GB/T 15229—2011

《蒸压加气混凝土砌块》GB 11968—2006

《装饰混凝土砌块》JC/T 641—2008

《重交通道路石油沥青》GB/T 15180—2010

《道路石油沥青》NB/SH/T 0522—2010

《建筑石油沥青》GB/T 494—2010

参 考 文 献

[1] 李杰. 生命线工程抗震——基础理论与应用. 北京：科学出版社，2005.
[2] 李杰，梁建文. 生命线工程研究的基本进展与发展趋势. 建筑、环境与土木工程Ⅱ（土木工程卷），北京：科学出版社，2006.
[3] 台湾地区建筑师协会. 集集大地震考察报告，1999.
[4] 日本阪神大地震考察组. 日本阪神大地震考察报告. 北京：地震出版社，1992.
[5] 谢强，李杰. 电力系统自然灾害的现状与对策，自然灾害学报. 2006，15（4）：126-131.
[6] 谢强. 电力系统的地震灾害研究现状与应急响应，电力建设，2008，29（8）：1-6.
[7] ASCE-TCLEE. Lifeline performance from the September 21, 1999 Jiji Earthquake in central Taiwan, American Society of Civil Engineering Technical Council on Lifeline Earthquake Engineering, 1999.
[8] 松田泰治，大塚久哲，内田广明. 集集大地震による超高圧送電鉄塔の被害原因に関する考察. 鋼構造年次論文報告集，2000.
[9] 尹荣华，李东亮，刘戈林等. 高压输电塔震害及抗震研究. 世界地震工程，2005，21（1）：51-54.
[10] ASCE-TCLEE. Northridge Earthquake：Lifeline performance and post-earthquake response, American Society of Civil Engineering Technical Council on Lifeline Earthquake Engineering, 1997.
[11] 日本建築学会等. 阪神淡路大震災調査報告共通編3：都市防災システム. 日本丸善株式会社，1998.
[12] AIJ, JSCE and JGS, Report on the damage investigation of the Kocaeli Earthquake in Turkey. Maruse Corp., Tokyo, Japan, 2001.
[13] PEERC. August 17, 1999, Kocaeli, Turkey Earthquake field investigation report, PEER Utilities Program. Report No. 2000/17.
[14] Junho Song, Armen Der Kiureghian, Jerome L. Sackman. Seismic Response and Reliability of Electrical Substation Equipment and Systems, PEER Report, University of California, Berkeley, CA, 2004.
[15] Junho Song, Armen Der Kiureghian, Jerome L Sackman. Seismic interaction in electrical substation equipment connected by non-linear rigid bus conductors. Earthquake engineering and structural dynamics, 2007, 36：167-190.
[16] Shakhzod M T, Gregory L F, Eric Fujisaki. Seismic Qualification and Fragility Testing of Line Break 550 kV Disconnect Switches, PEER Report. University of California, Berkeley, CA, 2004.
[17] 花村信. 東京電力の防災対策. http://www.boj.or.jp/type/release/zuiji/kako03/data/set0411b4.pdf.
[18] 李作章，徐日升，穆鲁生等. 尾矿库安全技术. 北京：航空工业出版社，1996.
[19] 刘兴远. 边坡工程—设计、监测、鉴定与加固. 北京：中国建筑工业出版社，2007.
[20] 华东水利学院. 水工设计手册 第4卷：土石坝. 北京：水利电力出版社，1984.
[21] 杨晓东. 锚固与注浆技术手册. 北京：中国电力出版社，2010.
[22] 李世华. 道路桥梁维修技术手册. 北京：中国建筑工业出版社，2003.
[23] 刘宝兴. 路基工程新技术实用全书. 公路·铁路·机场场道. 北京：海潮出版社，2001.
[24] 宋波，黄世敏. 图说现代城市灾害与减灾对策. 北京：中国建筑工业出版社，2008.
[25] 赵明阶. 边坡工程处治技术. 北京：人民交通出版社，2003.

[26] 交通运输部科技教育司.交通基础设施震后重建实用技术,2008.
[27] 北京市城市规划设计研究院.北京中心城地震及应急避难场所(室外)规划纲要,2008.
[28] 徐波.城市绿地的减灾作用及其规划设计.中国科协第三届青年学术年会论文集,资源环境科学与可持续发展技术分册.北京.中国科学技术出版社.1998.
[29] 科学技术部.抗震救灾实用知识、技术与产品手册(五、建筑安全诊断与重建),2008.
[30] 李红臣.如何设计应急通信系统.中国安全生产科学研究院,2008-01-11.
[31] 张雪丽.应急通信标准化和技术热点分析.电信网技术,2007(11):10-14.
[32] 陈如明.应急通信的战略重要性及面临的挑战.数字通信世界,2006(3):16-17.
[33] 李景奇.夏季.城市防灾公园规划研究.中国园林,2007,23(7):16-22.
[34] 雷芸.阪神·淡路大地震后日本城市防灾公园的规划与建设.中国园林,2007,23(7):13-16.
[35] 沈悦,齐藤庸平.日本公共绿地防灾的启示.中国园林,2007,23(7):6-12.
[36] 齐藤庸平,沈悦.日本都市绿地防灾系统规划的思路.中国园林,2007,27(7):1-5.
[37] 范立础,王君杰.桥梁抗震设计规范的现状与发展趋势.地震工程与工程震动,2001,21(2):70-77.
[38] 陈开利.桥梁工程鉴定与加固手册.北京:人民交通出版社,1988.
[39] 袁万诚译.桥梁抗震设计与加固.北京:人民交通出版社,1997.
[40] 陈惠发,段炼.桥梁工程抗震设计.北京:机械工业出版社,2008.
[41] 钱钟毅译.美国公路桥梁抗震设计准则.北京:人民交通出版社,1988.
[42] 中国赴日地震考察团.日本阪神大地震考察.北京:地震出版社,1995.
[43] 齐文华,苏桂武,魏本勇等.2010年青海玉树M7.1地震灾害的综合特征.地震地质,2011,33(3):533-548.
[44] 秦松涛,李智敏,谭明等.青海玉树7.1级地震震害特点分析及启示.灾害学,2010,25(3):65-70.
[45] 蒲生彦,张红艳,杨金艳等.日本震后固体废弃物分类处置的实践经验与启示.环境污染与防治,2014,36(1):84-88.
[46] 谢迎军、马晓明,刁倩.国内外应急管理发展综述.电信科学,2010(S3):28-32.
[47] Ye Yaoxian. Damage to lifeline systems and other urban vital facilities from the TangShan, China earthquake of July 26, 1976. Proceedings of The Seventh World Conference On Earthquake Engineering: Civil Engineering Aspects, Istanbul, Turkey, September 8-13, 1980.